하나님을 만난 9명의 아이들

하나님을 만난 9명의 아이들

1판 1쇄 발행 2018. 8. 10.
1판 3쇄 발행 2019. 2. 27.

지은이 김동환

발행인 고세규
편집 최은희 | **디자인** 이은혜
발행처 김영사
등록 1979년 5월 17일(제406-2003-036호)
주소 경기도 파주시 문발로 197(문발동) 우편번호 10881
전화 마케팅부 031)955-3100, 편집부 031)955-3200 | **팩스** 031)955-3111

저작권자 ⓒ 김동환, 2018
이 책은 저작권법에 의해 보호를 받는 저작물이므로 저자와 출판사의 허락 없이 내용의
일부를 인용하거나 발췌하는 것을 금합니다.

값은 뒤표지에 있습니다.
ISBN 978-89-349-9387-2 03230

홈페이지 www.gimmyoung.com   블로그 blog.naver.com/gybook
페이스북 facebook.com/gybooks   이메일 bestbook@gimmyoung.com

좋은 독자가 좋은 책을 만듭니다.
김영사는 독자 여러분의 의견에 항상 귀 기울이고 있습니다.

이 도서의 국립중앙도서관 출판시도서목록(CIP)은 서지정보유통지원시스템 홈페이지(http://
seoji.nl.go.kr)와 국가자료공동목록시스템(http://www.nl.go.kr/kolisnet)에서 이용하실 수 있
습니다. (CIP제어번호: CIP2018023846)

하나님을 만난 9명의 아이들

김 동 환

김영사

하나님은 있다?

나는 학부에서는 종교학, 대학원 석사에서는 신학, 대학원 박사과정에서 교육학 훈련을 받았다. 처음 종교학에서는 "하나님은 의지가 약하거나 부족한 사람들이 못다 이룬 욕망의 대리만족을 위해 만들어낸 인간의 욕구가 반영된 것"이라 정의했다. 하나님은 "인간이 만든 문화 산물"이지 실제로는 존재하지 않는다는 것이다. "하나님은 없다"는 그 강의를 처음 듣는 순간 '우리 엄마는 어떻게 살아난 것일까?' 하는 생각이 들었다. 일곱 살 때 병원에서 더 이상 치료할 수 없다는 선고를 받고 집으로 돌아와 있던 어머니 모습을 지금도 기억하고 있다. 30킬로그램 정도나 될까 말까 한 앙상한 몸으로 누워계시는 어머니를 보면서 마음이 아프고 힘들었다.

대대로 불교 집안이었던 우리 집에서 할 수 있었던 것은 어머니를 위해 불공드리는 것과 유명한 무당을 불러 굿을 하는 것이었다. 큰 절에서 부처님께 정성 어린 공양도 드렸고, 전국에서 가장 유명하다는 무당을 불러 한 달에 두 번이나 굿을 했지만 별다른 차도가 없었다. 아버지는 매달 굿 비용을 마련하기 위해 정말 열심히 일하셨다. 죽음을 앞둔 어머니와 우리 가족이 마지막으로 택한 방법은 하나님을 찾아가는 것이었다. 어머니가 그토록 가기 싫어했던 교회에……. 그런데 그곳에서 어머니는 병을 고쳤고, 우리 가족 모두는 바로 기독교를 새 종교로 받아들였다.

어머니가 병에서 치유된 그때 처음 든 생각은 '하나님은 정말 있는가? 우리 엄마는 누가 살린 것인가?'였다. 일곱 살까지 내가 배운 것은 기독교는 못된 꾀로 사람들을 속이고, 믿어서는 안 되는 종교라는 것이었다. 할아버지 영향으로 철저하게 조상께 제사를 지내며 조상신을 섬기고, 무슨 일이 생기면 무당을 찾고, 불교를 종교로 믿는다고 여겼던 우리 집안에서 교회에 간다는 것은 용납되기 어려운 일이었다. 가끔 교회에서 누군가 전도하러 집에 찾아오면 정말 싫어서 신 나게 굵은 소금을 뿌렸던 기억도 난다. 그런 내가 "하나님이 고쳐주셨다"는 믿기 어려운 이야기를 하나님을 부정하던 엄마 입에서 들었고, 엄마 손을 잡고 교회에 가게 되었다.

일곱 살 때부터 십 년 넘게 교회를 다니며 들어오던 성경 내용이 종교학과에 들어오니 대부분이 고대 근동 신화의 짜깁기, 인간이 만든 문화 산물이 일반화된 것으로 정리되었다. 학부 4년 동안 누구보다 열심히 종교학을 학습했다. 불교, 유교, 이슬람교, 힌두교, 기독교, 사이비 종교, 이단 등등. 각각의 종교를 독립적으로 배운 후 종교 상호간을 비교분석하는 비교종교학에도 집중했다. 이 모든 종교가 인간의 문화 산물로 나왔다는 것을 깊이 있게 학습하면서도 늘 내 머릿속에서 떠나지 않았던 의문이 있었다. '인간이 만든 문화 산물이라면 하나님이 우리 엄마를 어떻게 낫게 할 수 있었을까? 살고자 하는 강한 의지가 엄마의 무의식 영역에 영향을 주어서? 그러면 살려는 의지가 강하면 병원에서 죽음을 선고받은 사람도 다 살 수 있을까? 그런데 현실은 다르지 않은가?'

생각하면 할수록 복잡하고 답이 보이지 않는 문제였다. 그냥 엄마의 사건만 예외적으로 하고 생각에 괄호를 쳐서 판단중지를 해둔 뒤, 종교학에서 얘기하는 것을 받아들이면 이해하기도 쉽고 학교생활도 훨씬 편했을 텐데……. 하나님은 정말 존재하는가? 아니면 인간이 만든 것일까? 하나님의 존재에 관한 문제를 가지고 오랜 시간 씨름하고 연구하는 가운데 의외의 곳에서 그 해결의 실마리를 찾을 수 있었다. 학부에서 종교학을 전공하고 대학원에서 3년 동안 신학을 학습하면서 "하나님을 만났다"고 주장하는 사람들이 기원 후 지금까지 적어도 몇 억 명이 있다는 것을 알게 되었다. "하나님이 있다"고 "하나님을 믿고 천국 가세요"라는 내용을 전하면서 목숨까지 잃은 사람이 수천만 명도 넘는다. 최근에도 수많은 종교 가운데 기독교만이 유일하게 일 년에 십만 명 이상이 이러한 내용을 전한다는 이유로 무자비하게 죽임을 당하고 있음을 알게 되었다.

어떻게 그들은 하나님이 있다고 말하기 위해 목숨까지 버릴 수 있을까? 어떻게 그런 사람들이 이렇게 많을 수 있을까? 그들이 만났다고 하는 하나님은 진짜 계시는가? 아니면 그들이 하나님이라는 존재를 만나고 싶어 간절히 찾다가 그들의 무의식이 만들어낸 어떤 욕구 투사에 불과한 것인가? 만약 그렇다면 그런 허상 때문에 온갖 고문까지 인내하며 하나님의 존재를 부인하지 않고 하나밖에 없는 소중한 목숨을 버리면서 수천만 명이 신앙을 지킬 수 있을까? 그들은 모두 집단최면에 빠져 그런 행동을 하는 것인가? 소수의 특정인이 아니라 이렇게 다수가 그렇게 한다는 것은 상식적으로 가능한 일이 아니다. 하나님은 존재하는 것일까? 그렇다면 하나님이 존재하는지 존재하지 않는지 어떻게 알 수 있는가? 일단 하나님을 직접 만나보거나 하나님을 만난 사람들의 이야기를 들어보자.

내게 '하나님이 있다'는 말을 맨 처음 한 사람은 하나님이 없다고 부정하던 엄마였다. 죽을 날을 받아놓고 있던 엄마가 교회에서 병을 치료받고 제일 먼저 한 이야기를 나는 아직도 잊을 수 없다.

"하나님 진짜 계셔! 기독교 가짜 아니야. 사실이야. 동환아! 엄마는 거짓말인 줄 알았는데 하나님을 만나고 나니 정말 하나님이 계시고 진짜라는 것을 알게 되었어."

참 이상했다. 얼마 전까지만 하더라도 절대 교회는 가면 안 된다고, 하나님 같은 건 없다고 내게 누누이 말하던 엄마였는데 병이 낫고 나서는 왜 이런 말을 할까? 엄마가 병에서 회복된 것은 정말 기쁜 일이지만 눈에 안 보이는 하나님이 계시고 그분을 믿으라는 말은 이해가 되지 않았다. 그런데 그때 이런 생각이 들었다. '세상에서 나를 가장 사랑하는 엄마가 나에게 거짓말할 리가 없어. 병에서 낫고 나서 제일 먼저 나에게 한 말인데 그 말이 거짓말일 리가? 엄마의 병을 고친 것을 보니 하나님이라는 존재가 있기는 한가 봐'라는 생각을 하며 엄마를 따라 교회에 다니기 시작했다.

당시 하나님이 있는지 없는지의 문제는 그다지 중요하지 않았다. 나는 그때 하나님을 만났다고 주장하는 엄마의 이야기를 들은 것이지 내가 하나님을 직접 만난 건 아니었다. 그렇게 지내다 하나님의 존재를 심각하게 고민하기 시작한 것은 엄마가 나의 인생 진로를 판검사에서 목사로 바꾼 때부터다. 어렸을 때부터 엄마는 병이 낫기 전까지 늘 나에게 공부 열심히 해 법대에 가서 판검사가 되라고 하셨다. 그런 엄마가 건강을 회복한 뒤 "하나님이 엄마를 치료해주셨다"고 말하면서 "너는 이제 하나님의 아들이고, 하나님께 주의 종으로 바쳤어"라는

프롤로그 009

말을 했다. '엄마가 건강해진 것은 기쁘고 감사하지만, 왜 나까지 하나님의 종으로 바쳤다는 말을 하시지? 내 인생은 내 건데. 왜 엄마 마음대로 저러시지. 이상하다. 불교를 믿을 때는 저런 얘기를 한 번도 하지 않았는데 왜 그럴까?'라는 생각이 들었고 그런 상황이 별로 마음에 들지 않았다.

아마도 이 책을 읽는 분 가운데 기독교도가 아닌 분들은 더 혼란스러울 것이다. 나 역시 혼란스럽고 힘들었다. 만약 내가 사랑하는 어머니에게 "하나님은 있다"고 듣지 않았다면, 내가 중학교 시절 하나님을 만나지 않았다면 나는 하나님의 존재를 부인하고 학부 시절 종교학에서 배운 내용을 다 받아들이고 믿었을 것이다. 아니 종교학과에도 가지 않고 법학을 전공하여 판검사가 되기 위해 매진했을 것이다. 물론 신학대학원에 가는 일도 없었을 것이고 방황하는 청소년들이 하나님을 만나도록 이끄는 일도 하지 않았을 것이다. 《다니엘학습법》이라는 책도 쓰지 않았을 것이다. 내가 하나님을 어떻게 만났는지에 대해서는 이미 《다니엘학습법》에서 아주 자세히 썼기에 여기에서는 언급하지 않겠다. 이 책에서는 하나님의 존재를 부인하거나 의심했던 수많은 청소년이 하나님을 직접 만난 이야기를 중심으로 "하나님은 있다"는 것을 구체적으로 확인하고자 한다.

이 책이 나오기까지 한결같은 눈물로 부족한 자식을 위해 일평생

기도해주시는 아버지 김학렬 님과 어머니 박삼순 님께 머리 숙여 존경과 감사를 드립니다. 죽을 때까지 하나님 은혜와 부모님의 은혜 갚으며 살겠습니다. 칠십 중반의 나이지만 매일 아침 일찍 가게 문을 열고 성실히 한평생 일하시고 자식들 뒷바라지 하시는 아버지를 보면서 그 성실함과 한결같음을 저도 보고 배우겠습니다. 부족한 저를 위해 항상 기도해주는, 존경하는 라파 메디앙스 정형외과의 김용욱 원장님께 진심으로 감사드립니다. 사랑하는 귀한 다니엘 가족들에게도 진심으로 감사드립니다. 이 책을 잘 만들어준 김영사 편집팀과 고세규 사장님께도 감사드립니다.

2018년 여름

차례

프롤로그 하나님은 있다?   005

하나님을 만났다는 수많은 아이들   015

**꿈을 잃은 농구 소년,
학습의 목적을 찾고 서울대 가다**   033

**꼴통 흡연왕 목사 아들,
담배를 끊고 새 인생을 시작하다**   055

**벼랑 끝 폭력 일진소녀,
하나님의 오뚝이가 되다**   073

**온라인 게임귀신,
하나님께 항복하다**   101

**교내 최고 문제아,
하나님을 만나 수능에서 3개 틀리다**   123

술과 담배로 찌든 중딩 소녀,
하나님으로 자유 찾다! 　　　　　　　155

하나님은 절대 없다던 목회자의 딸,
엄마의 마지막 소원으로 하나님을 만나다 　179

술을 훔치던 알코올 소년,
하나님이 깨끗이 씻겨주다 　　　　　205

음란물 중독과 우울증으로 자살을 꿈꾸던 소년,
하나님 앞에서 새로운 생명을 찾다 　　245

연구결과　**9명의 마음이 아픈 아이들의 변화** 　270

선물 1 　　　　　　　　　　　　　　276

선물 2 　　　　　　　　　　　　　　282

하나님을 만났다는
수많은 아이들

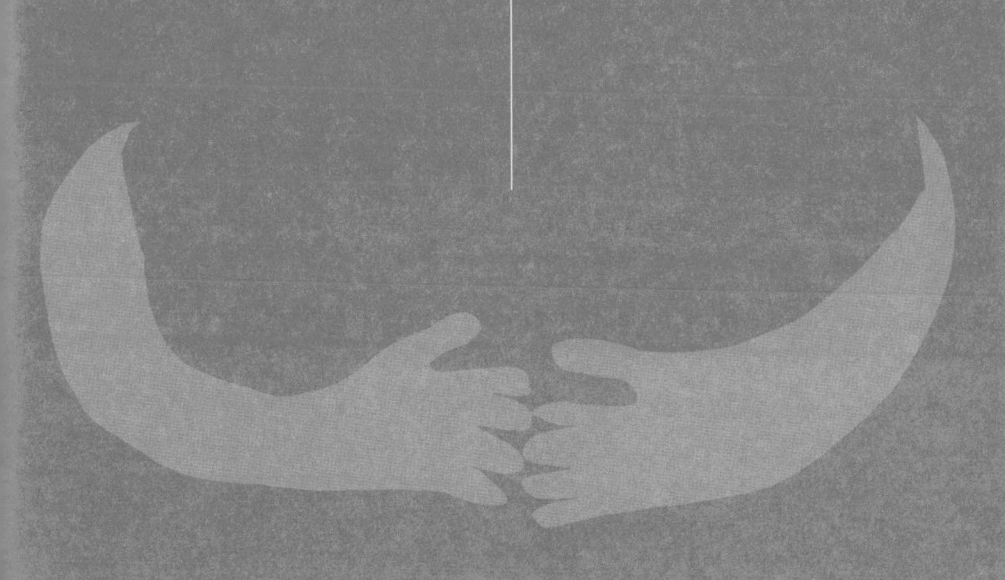

하나님을 만난 아이들을 연구하다

하나님을 만났다고 주장하는 학생들을 대상으로 매우 특별한 연구를 시작했다. 연구 참여자들을 대상으로 그들이 경험한 '하나님과 만남'에 주목하여 그들이 실제로 하나님을 만난 것인지 아니면 잠재의식의 욕구가 반영되어 만들어낸 허상인지 확인하고자 한 것이다. 그들이 '하나님과 만남'을 통해 어떤 변화를 경험했는지를 알아보고 이를 통해 하나님이 있다는 것이 그들의 내면을 어떻게 재구조화하는지를 파악하고자 하기 위해서였다. 그와 더불어 '하나님과 만남'이 그것을 경험한 사람들의 삶에 미치는 구체적인 맥락에 주목하여 어떤 방식으로 그것이 그들의 삶에 영향을 미치고 구체적인 변화로 이어졌는지 다각도로 검토해보았다.

이 연구는 하나님의 존재를 확인하기 위해 '하나님과 만남'이라는 개인적이고 추상적 경험들을 다루는 연구이다. 이러한 연구는 비교와 측정을 통해 이론을 뒷받침하는 자료를 구하는 양적 연구로 접근하기에는 한계가 있다. 눈에 보이지 않는 '하나님과 만남'에서 오는 경험이라는 개별적 개인의 특별한 경험의 독특성과 그 경험 현상 이면에 내재한 가치체계, 신앙체계, 행위규칙과 같은 불가시성을 이해하고 연구하기 위해서는 개별적 사물의 고유한 속성과 그 맥락을 잘 드러낼 수 있는 질적 연구가 적합하다고 생각했다.

질적 연구란 "인간의 행동을 행위자 자신의 준거틀frame of reference에서 이해한다. 인간의 세계는 주관적으로 의도된 의미의 세계이며 삶의 주체자인 행위자의 의미를 분석하지 않고는 인간의 행위를 서술할 수 없다"는 생각에 근거하여 인간이 행동하는 의미에 관심을 두는 연구이다(박성희, 2004:13).

연구자의 객관적 개념과 분석틀을 사용하여 현상을 설명하는 양적 접근 방법으로 하나님의 존재를 파악하기 위해 "하나님과 인간의 만남"이라는 매우 복잡하고도 섬세한 상호관계 속에서 경험하는 인간의 주관적 체험과 의미를 살펴보는 데는 제약이 많이 따른다. 실험실이나 연구실과 같은 연구현장 외부에서 만든 가설로는 그것을 제대로 파악하기가 힘들다.

'하나님과 만남'을 경험한 학생들의 학습과 생활을 직접 보고 듣고 가끔은 그들과 함께 먹고 자고 여행하고 생활을 공유할 때 비로소 그들의 경험을 생생하게 파악할 수 있다. 이것은 그들의 학습과 생활 속으로 직접 들어가야 함을 의미한다. 한두 장의 설문지와 짧은 면담만으로는 이들이 보여주는 '하나님과 만남'의 경험과 그들의 생애사를 생생하게 파악하기가 어렵다. 따라서 그들의 실제 삶과 학습이 이루어지는 현장 속에서 그들과 오랜 기간 함께 생활하며 관찰해보는 연구가 필요하다. 이런 점에서 이 책에서는 질적 연구의 중요한 연구기법인 참여관찰과 심층면담을 주요 연구기법으로 사용하였다.

참여관찰과 심층면접

참여관찰과 심층면담을 통해서 인간의 다양한 삶과 문화 속에 내포되어 있는 의미를 기술하고 그것을 해석하는 일이 가능하다. 참여관찰은 연구자가 특정집단의 일상세계에 비교적 장기간 참여하여 그들의 삶과 문화를 관찰하여 기록하고, 그것을 분석·해석하는 것을 말한다. 참여와 관찰은 상황에 따라 서로 적절한 배합이 요구되는 상호보완적 성격의 활동이다(Spradley, 1980). 참여관찰을 통해서, '하나님과 만남'이 이루어지는 물리적·인적 환경과 연구 참여자들의 구체적인 삶의 양태와 '하나님과 만남' 이후 그것이 어떤 방식으로 그들의 삶과 학습에 영향을 미치는지를 사실적으로 알게 되었다. 또한 참여관찰을 통해서 인간과 하나님이 어떻게 상호관계를 맺으며 서로 의사소통하는지에 대해서도 사실적으로 알 수 있었다.

이러한 활동을 통하여 수집되는 자료가 '생명력 있는 자료'로서의 가치를 발휘하기 위해서는 분석 대상이 되는 사건의 일부로서 참여한 사람들만이 가질 수 있는 의미를 심도 깊게 파악해야 한다. '하나님의 존재'와 '하나님과 만남'이라는 주제는 매우 주관적이고 개인적인 경험을 바탕으로 한다.

참여관찰의 과정에서 발견하게 된 내용들로 인해 생겨난 중요한 질문과 연구를 보다 깊이 드러내기 위해서는 연구 참여자와의 심층면담이 꼭 필요하였다.

이 연구의 주된 관심은 '하나님과 만남'이란 무엇이며 하나님을 만난 청소년들의 생애 경험을 이해하고 그것이 어떤 특징과 의미가 있는지를 기술하고 해석하여 '하나님의 존재'를 확인하는 데 있다. 따라서 연구의 초점은 '하나님과 만남'을 경험한 연구 대상자들의 삶과 학습에 있다. 이를 위해 그들의 삶 속으로 직접 들어가 대화를 주고받으며 자연스러운 참여관찰과 면담을 통해 그들의 삶과 학습을 최대한 '사실적으로 그리고 생생하게' 기술하고자 한다.

그러나 연구자가 아무리 '하나님과 만남'을 경험한 연구 참여자들의 삶과 학습을 최대한 사실적으로 기술하려 해도 연구자의 '눈'을 연구 도구로 사용하여 연구를 진행하기에 연구자의 주관성과 편견이 부지불식간에 연구대상에 반영될 것이다. 결국 본 연구는 '하나님과 만남'에 관한 내용들 가운데 연구자가 보고 듣고 느낀 만큼만 기록되고 해석된 것이다. 중요한 것은 연구자의 '눈과 귀'가 도구로 사용되는 것이 질적 연구 방법의 특징이기에 연구자는 최대한 많이 보고 듣고 경험하고자 노력함과 동시에 연구자의 선입관과 편견을 배제하고자 부단히 노력했다는 점이다.

연구자는 스스로 부지불식간에 오랫동안 가지고 있던 내부자적 편견들을 치밀하게 검토하기 시작했고 그것을 제거해나가면서 최대한 외부자적 연구자의 연구자세를 견지하고자 마음을 다해 힘썼다. 이를 위해 수시로 묵상과 기도를 통한 자기반성적 사고를 통해 연구자의 마음과 생각을 지키고자 했다.

연구에 참여한 대상자들

눈에 보이지 않는 하나님과의 만남을 살펴보기 위해서 우선 이러한 경험이 있는 학생들을 만나고자 계획을 세웠다. 본 연구에 적절하다고 생각한 연구 대상은 기독교 대안학교와 기독교 캠프와 여러 교회에서 추천받은 학생들이다. 이번 연구에서는 기독교 대안학교에 주목하여 몇 번의 기초조사를 통해 다니엘리더스스쿨(이하 DLS)를 선정하였다.*

DLS는 '하나님과 만남과 교제'를 학교 존재 목적으로 세워졌다. 하루 세 번의 예배를 드리며 '하나님과 만남과 교제'를 추구한다. 모든

* 기독교 캠프와 교회 추천 학생들에 대해서는 다음 연구에서 더 진행하기로 하였다.

학생이 기숙사에서 함께 생활하며 단체로 정해진 시간에 규칙적으로 예배를 드린다. 하나님과의 만남을 학교 교육의 제 1순위로 삼고 매일 새벽 5시 30분에 새벽예배가 시작되어 점심예배와 저녁예배를 드린다. 하루 2시간 30분 '하나님과 만남'을 위해 사용한다.

이 학교는 '하나님과 만남'을 경험한 후에 학습을 새롭게 다시 시작하려는 학생들을 위해 체계적인 학습체제가 갖춰져 있었다. 서울대학교를 비롯하여 국내 상위권 대학에 매년 학생을 보낼 정도로 대학수학능력 시험을 잘 준비시키는 체계적인 학습시스템을 가진 기독교 대안학교이다. '하나님과 만남'을 경험한 후 학생들의 변화된 삶뿐만 아니라 학습영역에서의 다양하고 역동적인 변화들도 구체적으로 살펴보는 것이 가능한 학교였다. 이러한 이유들을 종합하여 최종적으로 DLS를 연구대상으로 선정하게 되었다.*

그와 더불어 DLS 안에서 '하나님과 만남'을 경험했다고 이야기하는 연구 참여자를 선정하였다. 선정된 연구 참여자들을 대상으로 심층면담을 세 번 이상 진행하였다.

이 연구의 참여관찰과 심층면담은 DLS에서 주로 이루어졌다. DLS에서의 참여관찰과 심층면담은 크게 세 국면으로 나누어볼 수 있다. 1차 연구는 DLS 학생들의 삶과 학습 및 문화에 대해 내부자인 교장

---

* DLS(다니엘리더스스쿨)에 관한 더 자세한 내용은 김영사 출판사에서 나온 《다니엘리더스스쿨의 기적》을 참조하시길 부탁드립니다.

선생의 눈이 아니라 외부자인 연구자의 눈으로 보기 시작하고 그것을 위해 노력하는 과정이었다.

우선 교장 선생이 아닌 연구자로서 학교의 문화와 생활을 참여관찰하며 교장 선생이었을 때는 잘 보지 못했으나 연구자로서 관찰하면서 드러나는 부분들에 대해 집중적으로 자료를 수집하였다. 모인 자료를 중심으로 1차 분석도 동시에 진행했다.

2차 연구는 DLS 내부자인 교장 선생으로서 연구 참여자들이 '하나님과 만남'을 겪은 경험에 대한 배경지식과 선입견을 최대한 배제하고자 노력하며 외부자인 연구자로서 집중적으로 참여관찰과 심층면담을 진행한 시기였다.

3차 연구는 그동안의 참여관찰과 심층면담을 바탕으로 자료분석과 더불어 본격적인 글쓰기가 병행되었다. 이 기간의 참여관찰은 DLS에서 이루어지는 기도훈련 프로그램을 집중적으로 참여관찰하면서, 필요에 따라 연구 참여자들과의 심층면담을 몇 번 더 거치며 글쓰기를 진행하였다. 연구 참여자들은 최소한 1년 이상 DLS에서 교육받고 '하나님과 만남'을 경험한 학생들이다. 이들은 하나님을 만나기 전에 다양한 중독과 문제가 있던 학생들이었다. 또한 연구자가 자주 시간을 내어 깊이 면담하고 관찰할 수 있는 학생들이었으며 자주 보고 면담할수록 그들을 더 잘 이해하고 그들이 경험한 '하나님과 만남'에 대해 더 잘 알아볼 수 있었다.

다니엘리더스스쿨의 하루 일과표

다니엘리더스스쿨에서 하나님을 만나는 기적이 일어나도록 준비된 프로그램들에 대해 먼저 살펴보고자 한다.

1. 신앙

1) 하루 세 번의 예배

05:00~05:30	30분 세면 및 기상
05:30~06:30	1시간 새벽예배
06:30~08:00	1시간 30분 학습
08:00~09:00	1시간 아침식사

09:00~12:00	3시간 학습
12:00~12:40	40분 점심식사
12:40~13:10	30분 점심예배
13:10~16:00	2시간 50분 학습
16:00~17:00	1시간 저녁예배
17:00~18:00	1시간 저녁식사
18:00~22:00	4시간 학습
22:00~22:30	30분 샤워 및 취침

매일 2시간 30분씩 하나님과 교제시간이 있다. 하나님을 아직 인격적으로 만나지 못한 친구들은 이 시간을 이용하여 전심으로 "주여"를 부르짖으며 하나님께 1. "하나님 있습니까? 없습니까?" 2. "하나님 날 사랑하십니까? 안 사랑하십니까?" 3. "주여"를 부르짖어 기도한다.

2) 매주 토요일 새벽예배 후 전교생 말씀 암송 시험

얼핏 보기에는 신앙훈련에만 도움이 될 것 같지만 뇌에 자극을 주어 집중력 향상을 이끌어 학습훈련에도 많은 도움이 된다.

3) 주일은 온전히 예배와 전도로 보내기

2. 학습

DLS 학습 프로그램의 기적을 만드는 아홉 가지 원칙

1) 학습자 중심의 철저한 수준별 학습 – 학년별로 학습이 진행되지 않고 나이와 상관없이 학습 실력에 따라 학습자 중심의 수준별 국어, 영어, 수학 수업이 진행되기에 수업을 따라가지 못해 학습을 포기하는 학생이 없다.

2) 질문 위주의 수업 – 질문과 학습 의욕은 정비례한다.

3) 1년 3학기 제도 – 1.5배 앞서 나간다.

4) 월반과 유급제도 – 만족은 금물, 노력한 만큼 보상받는다.

5) 학습컨설팅 – 학생 개인별 학습컨설팅을 진행하여 개인별 맞춤 학습 계획을 세운 후 학습.

6) 신앙과 실력을 겸비한 선생님 – 우수 대학 각 과목 전공자 출신이면서 신앙을 겸비한 선생님들이 기도로 수업을 시작해서 열정적인 강의를 하며 마음껏 질문을 받고 기도로 수업을 끝낸다.

7) 교권의 보장 – 선생님에 대한 기본 예의범절을 철저히 가르쳐 선생님을 존경하고 예의를 지키도록 교육.

8) 학습도 예배 – 모든 학습은 기도로 시작하고 기도로 마친다.

9) 철저한 6일 학습 – 하나님께서 말씀하신 안식의 말씀에 순종하고자 주일은 하나님 안에서 온전히 예배드리고 쉰다.

3. 운동

1) 주 6시간 의무적으로 운동하기

운동은 하나님이 주신 육체를 잘 단련하는 시간이다. 고린도전서 6장 19~20절 (19. 너희 몸은 너희가 하나님께로부터 받은바 너희 가운데 계신 성령의 전인 줄을 알지 못하느냐 너희는 너희의 것이 아니라 20. 값으로 산 것이 되었으니 그런즉 너희 몸으로 하나님께 영광을 돌리라)에 보면 우리의 몸은 우리의 것이 아니라 예수 그리스도의 핏값으로 하나님께서 사신 것이라고 분명히 말한다. 하나님의 것인 이 몸을 하나님의 영광을 위해 사용하고 잘 관리하라는 말씀을 충실하게 지키고 있다.

2) 규칙적인 운동과 생활이 가져온 놀라운 변화들

지금까지 불규칙적인 생활에서 나타난 건강의 문제들이 규칙적으로 자고 일어나 밥 먹고, 운동하고, 학습하면서 놀라울 정도로 회복되고 활기를 찾는다.

3) 체형교정 전문 체육 선생님

장시간 책상에서 학습하면서 생긴 척추측만과 허리디스크, 목디스크, 거북목, 일자목과 같은 병을 예방하고 치료하기 위해 전문 선생님이 체육 선생님으로 임해 1시간씩 주 3회 운동수업을 진행한다(상태가 심각하면 주 6회 운동수업).

4) 일주일에 1번 산악부 활동

매주 화요일 1시 10분에서 4시까지 체육 선생님과 함께 학교 근처 산으로 등산하며 서로 친구들과 교제하며 건강을 도모한다.*

- 다니엘리더스스쿨에 대해 더 자세하게 알고 싶은 분들은 김영사에서 출간한 《다니엘리더스스쿨의 기적》을 참조.

아이들이 보여준 놀라운 기적

해답을 찾은 아이들

2009년부터 하나님의 존재를 찾는 연구를 시작하면서 만난 참여자는 100명이 넘는다. 그 가운데 개별적으로 심층면담을 한 학생은 열여덟 명, 그리고 자신의 이야기를 들려준 친구들은 아홉 명이다.

　이들은 첫째 최소한 1년 이상 '하나님과 만남'을 지속하며 하나님의 준비된 일꾼이 되기 위해 학습을 실천하고 있고, 둘째 하나님을 만나기 전에는 심각한 중독과 다양한 문제를 안고 살았으며, 셋째 자주 시간을 내어 깊이 면담하고 관찰할 수 있었다.

　아홉 명은 다양한 방식으로 나의 문제의식을 자극했다. 이들은 '하나님과 만남' 이전의 삶과 만남 이후의 삶이 너무 극명하게 달라진 학생들이다. 이들을 만나고 심층면담하면서 '과연 이들의 이야기는 진실일까? 이들의 말을 다 믿어도 되는 것일까?'라는 물음이 계속해서 나의 뇌리를 스쳐갔다. 하지만 심층면담 전에 미리 만나 서로 입을 맞추어 동시에 비슷한 내용을 말하기는 불가능한 상황이었다. 그럼에도 불구하고 그들이 말한 내용 중 하나님을 만난 과정과 변화 양상이 유사한 부분들이 많았다. 눈에 보이지 않는 '하나님과 만남'이 이들의 가치관과 삶의 태도를 바꾸고 전에 한 번도 해보지 않았던 하나님의 영광을 위한 학습을 실천하는 학습자로 변화시켰다. 한두 달 실천하다 도중에 그만둔 학생들이 아니라 꾸준히 1년 이상 그것을 실천한 학생들이다.

이러한 변화와 성장을 제대로 이해하기 위해서는 그들의 '하나님과 만남'의 경험이 총체적으로 나타날 수 있는 삶 전체 맥락에서 의미를 발견하는˙ 생애사적 조망이 필요하다.

그래서 연구 참여자들 가운데 아홉 명의 학생들을 선택해 그들이 하나님을 만나기 전의 모습이 어떠했고 어떤 과정을 거쳐 만나게 되었는지 그리고 어떻게 변화되었는지에 대하여 입체적으로 보여주려 한다.

그들의 지금까지 '하나님과 만남의 생애사'를 아래 네 가지 주제를 중심으로 재구성하였다. 첫째, 그들이 하나님을 만나기 전의 모습, 둘

- 생애사(개인의 삶을 기록한 역사. 주로 유명인이 아닌 평범한 보통 사람의 삶을 기록한다)는 과거의 경험이 현재의 경험과 만나는 과정이자 결과로서, 한 개인의 지금까지의 삶을 이야기하면서 의식과 행위를 재구성할 수 있을 뿐만 아니라, 개인과 제도의 관련성, 역동성까지도 밝혀내는 데 유용하다. (최선주, 2013:50)

째, 그들이 '하나님과 만남'을 결심하는 과정, 셋째, 그들이 하나님을 만나는 과정, 넷째, '하나님과 만남'을 통해 그들이 변화되는 과정이 그것이다.

꿈을 잃은 농구 소년,
학습의 목적을 찾고 서울대 가다

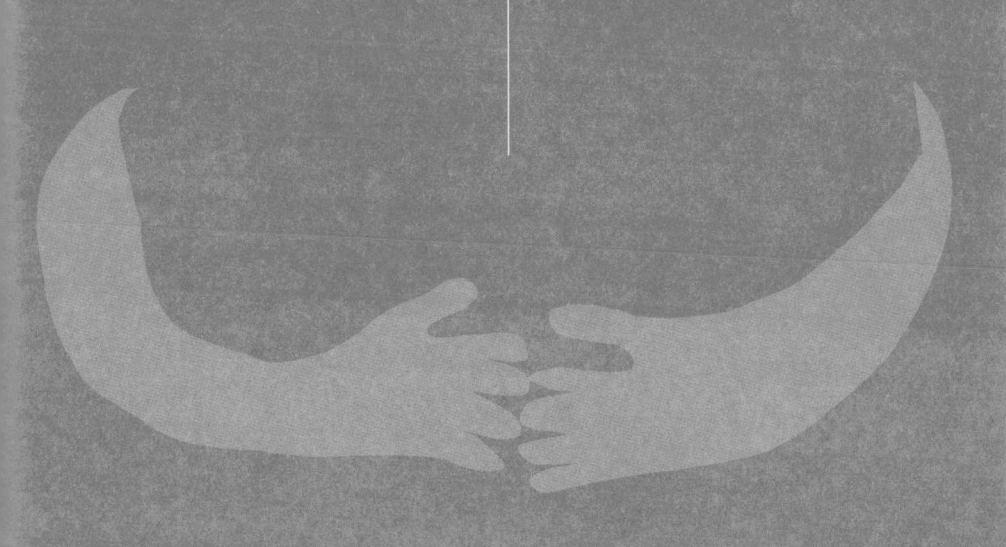

올해 대학 새내기인 성훈이는 작년 3월 DLS에 입학하여 재수를 하였다. 지금은 우리나라에서 가장 좋다는 대학교 체육교육학과에 재학 중이며 대학훈련생으로 DLS에서 생활하고 있다. 그는 중·고등학교 시절 많이 놀고 방황했지만 재수 기간 '하나님과 만남'을 통해 이전과는 매우 다른 새로운 삶을 살고 있다. 그는 여러 유혹이 많은 대학문화 속에서 하나님을 위해 살겠다고 다짐하며 매일 자신의 삶을 하나님께 드리고자 몸부림치고 있다.

'농구선수'가 되는 꿈을 꾸었지만

성훈이는 사업을 하시는 아버지 밑에서 부족함 없는 가정의 늦둥이 아들로 태어났다. 어머니가 결혼 전부터 예수님을 믿고 아버지를 전도하였기에 그는 모태신앙˙으로 자라날 수 있었다. 그는 열네 살, 열일곱 살 위의 누나들이 있는 엄청난 늦둥이여서 어릴 때부터 많은 것을 받고 누리며 살았다. 그러나 항상 칭찬과 격려 속에서만 살아왔기 때문에 거부당하거나 지는 것에 익숙하지 못했다. 지는 것, 실패하는 것이 두려워 자신 없는 것에는 도전조차 하지 못하는 겁쟁이였다.

어려서부터 교회는 다녔지만 하나님에 대한 지식도 믿음도 없었다. 그러나 부모님은 그를 버릇없는 막내로만 키우지 않고 일정한 선을 정해 엄하게 가르치고 질책하였기에 기본적인 것들은 잘 지키며 예의 바른 아이로 성장했다.

그가 입학한 중학교는 전국 학력평가 10위권에 들 정도로 공부를 잘하는 학교였다. 남들은 열심히 학원 다니고 학습하는데 그는 학습의 필요성도 못 느끼고, 장래희망도 없으니 그저 친구들과 어울려 운동을 하고 PC방에서 놀며 하루를 보냈다. 꿈도 목표도 신앙도 없었기에 당장의 즐거움을 향한 욕망을 꺾고 해야 할 것들을 해낼 강한 동기가 없었다.

중학교 2학년 중반부터 꿈이 생겼다. 모든 관심과 사랑이 농구라는 운동으로 향하기 시작했다. 농구선수가 되는 것을 장래희망으로 삼고, 눈떠서 잠들 때까지 수업 시간 외에는 농구를 했고, 1년 중 가장 더운

- '어머니의 태胎에 있을 때부터 가지게 된 신앙'이란 뜻으로, 신앙을 가진 어머니에게서 태어난 자녀가 태아 때부터 자기 의지와 상관없이 어머니의 의지로 교회를 다니며 어머니에게 전수받는 신앙을 의미한다.

날과 추운 날에도 농구를 했다. 심지어 눈이 20센티미터 이상 와서 종아리까지 눈 속에 푹푹 파묻힌 날에도 경비실에서 삽을 빌려 혼자서 눈을 다 퍼낸 후 농구를 했다. 그러나 시간이 지나면서 신체조건의 한계에 부딪혔고 자기보다 농구를 잘하는 아이들이 많다는 것을 알게 되었다. 결국 현실 앞에서 꿈이 좌절되었다.

열정을 잃고 쾌락에 빠져들다

꿈을 잃고 한창 방황하던 터에 입학한 고등학교는 면학 분위기가 매우 떨어졌다. 처음에는 실망이 컸지만 학교에 열심히 학습하는 아이들이 적었기에 그가 조금만 열심히 해도 성적이 쑥쑥 올라가 학습할 맛이 났다. 2학년 1학기 때는 전교 9등까지 석차를 올리기도 했다. 그러나 뚜렷한 비전이 없이 학습을 하다 보니 금세 중학교 시절처럼 게으름과 나태함에 빠지게 되었다.

이내 독서실에 가는 대신 친구들과 어울려 잡담을 하거나 운동을 하고 PC방, 노래방, 당구장 등으로 몰려다니기 일쑤였다. 때로는 중식당을 하는 친구네 오토바이를 빌려 타고 야외로 나가고, 인적 드문 한강변 둔치에 가서 술을 마시기도 했다. 학습은 1시간도 하지 않은 채 새벽에 귀가해놓고 부모님께는 학습을 열심히 하다가 와서 피곤한 척을 했다. 자연히 성적은 뚝뚝 떨어졌다.

하지만 그는 항상 같은 학교 친구들보다 열심히 살고 있다고 스스로를 속이며 세뇌시켰다. 그 학교의 많은 학생이 학습을 포기하고 아무 생각 없이 살았기에 성적이 떨어져도 등수는 상위권이었고, 주변에서도 그를 착하고 성실하며 학습도 잘하는 아이로 보았다.

고3이 되니 정신이 번쩍 들고, 대학 걱정이 현실적으로 다가왔다. 그래서 부모님을 졸라 강남 대치동에서 가장 잘 가르치기로 소문난 학원 강사들에게 고액의 수업을 들었지만 스스로 노력하지 않았기에 별 효과가 없었다. 그의 꿈은 변질되었고 그저 별 노력 없이 남들이 알아주는 대학을 나와 남들이 부러워하는 일을 하며 세상의 쾌락에 몸을 맡기고 떵떵거리며 살고싶어 했다. 교회는 다녔지만 삶의 어느 부분에서도 하나님을 찾아볼 수 없었고 세상의 방식과 세상의 가치에 속박되어 휘둘리며 살았다.

하나님을 만나기 위한 노력

온 마음으로 하나님을 찾다

그는 그해 수능에서 생각보다 형편없이 낮은 성적을 받았다. 하지만 무엇을 어디서부터 어떻게 고쳐야 할지 앞이 막막했다. 일반 재수학원에 가게 되면 한두 달 열심히 하다가 다시 나태해질 것이 뻔했다. 그렇게 고민하고 있는 그에게 어머니가 DLS를 소개시켜주었다. 어머니는 모든 문제가 영적인 것에서 비롯된다고 믿었기에 DLS에서의 신앙훈련이 그를 근본적으로 바꿀 수 있으리라 생각하셨던 것이다. 그 또한 답이 없는 상황에서 지푸라기라도 잡는 심정으로 머리로만 알던 하나님을 제대로 만나보기로 결심하여 작년 3월 DLS에 입학하였다.

처음 그가 DLS에 들어왔을 때 생각은 눈 한 번만 딱 감고 버티자는 것이었다. 그에게 재수 기간이란 실패자들이 걷는 길이고, 생각하기도 싫던 고난이었다. 그랬던 그가 하루 세 번의 예배를 드리고 기도하며 성경을 읽는 시간을 가지면서 인생이 송두리째 바뀌는 기적이 일어났다. 기적의 시작은 바로 하나님과의 만남이었다고 그는 고백한다.

"너희가 내게 부르짖으며 내게 와서 기도하면 내가 너희들의 기도를 들을 것이요, 너희가 온 마음으로 나를 찾으면 나를 찾을 것이요 나를 만나리라." 예레미야 29장 12-13절

그는 이 말씀을 붙잡고 하나님을 온 마음으로 찾고 또 찾았다. 하나님이 정말 계신지, 그를 사랑하는지 온 힘을 다해 부르짖고 기도했다. 그런데도 하나님을 만나지 못하니 답답함과 갈급함이 생겼고 시간이 흐를수록 '하나님과 만남'에 대한 갈급함이 커져 더욱 큰 마음으로 기도했다. 갈급함과 간절함이 최고조에 오른 때에 그는 온 마음과 힘을 다해 '하나님과 만남'을 기도하게 되었다. 그때서야 한 번도 경험해보지 못한 신기한 일을 겪게 되었다. 지금까지 그가 지은 죄가 사소한 것

하나하나까지도 생각나기 시작했고 그의 추악함이 깨달아졌다. 그의 입에서는 지금까지 해보지 못했던 회개의 기도가 눈물과 함께 쏟아져 나오기 시작했다. 그렇게 그의 죄를 자백하고 그의 죄인 됨을 인정하고 나니 갑갑하기만 하던 마음이 편안해졌고 하나님의 음성을 듣게 되었다.

| 연구자 | 성훈아. 너는 하나님의 음성을 과거에 들어본 적이 있니?
| 성훈 | 아니요. 그때가 처음이었습니다.
| 연구자 | 그렇구나! 하나님의 음성을 듣게 되었다고 말했는데 구체적으로 어떤 음성을 들은 거니? 좀 자세히 얘기해주렴.
| 성훈 | 하나님께서 "이제야 왔구나! 네가 나를 찾기를 계속 기다려왔어. 이제 모두 나한테 맡기고 나의 품 안에서 평안히 쉬렴", 그렇게 말씀해주셨습니다.

그가 처음 경험한 하나님의 음성이었다. 지금까지 늘 불안하고 현실을 회피하는 자신을 숨기며 행복과 평안한 마음을 억지로 얻으려 했는데 그 바라는 욕심까지 다 내려놓으니 하나님의 음성이 찾아왔다고 고백한다. 그리고 순간 머리로만 알고 있던 예수님과 그의 십자가 사랑을 온 몸과 마음으로 믿게 되었다. 예수라곤 흔적도 찾아볼 수 없던 삶 속에서 단지 그가 한 것은 간절한 마음으로 "주여"를 외치며 하나님을 찾았을 뿐이다. 그런데 하나님께서 직접 그에게 찾아오셔서 큰

은혜와 평안을 부어주었다. 그는 하나님의 사랑에 너무도 놀라고 그저 감사할 수밖에 없었다.

변화와 결실

재수했던 기간이 가장 행복한 시간?

하나님 음성을 들은 후로 하나님은 그의 삶의 원동력이 되어 직접 인도하였다. 매일매일 새로운 은혜로 채워주었고 힘과 열정을 공급해 주었다. '하나님과 만남'을 지속하면서 보낸 재수 기간이 그의 삶에서 가장 행복한 시간이었다고 그는 고백한다. 그는 이것을 자신이 경험한 두 번째 기적이라고 말한다.

| 연구자 | 성훈아. 너 처음에는 재수 기간을 인생의 실패자나 낙오자나 겪는 시간이라고 생각했잖아. 그런데 이제는 가장 행복한 시간이라고 말하는데 왜 그렇게 얘기한 거니?

| 성훈 | 저 혼자 하는 재수 기간이었으면 여전히 불행한 시간이었다고 생각했을 겁니다. 그런데 하나님과 함께 교제하며 학습하는 재수 기간이었기에 정말 행복한 시간이라고 생각합니다.

| 연구자 | 그렇구나! 성훈아. 너 학습하는 것 정말 싫어했잖아? 그런데 하나님을 만나고 나니깐 왜 그렇게 열심히 학습을 하게 된 거니? 학습을 안 하던 사

람이 그렇게 열심히 꾸준히 하는 것이 쉽지 않았을 텐데.

| 성훈 | 하나님은 제가 맡은 바 자리에서 무엇을 해야 할지를 생각하게 하셨습니다. 저는 학생이었고 학생의 본분은 학습이었기에 학습에 최선을 다하게 되었습니다. 학습할 이유를 모르던 제게 하나님은 직접 학습할 이유가 되어주셨습니다. 작은 일에 최선을 다하여 생명 바쳐 충성하는 다윗을 보며 여전히 위대한 꿈, 앞으로의 구체적 비전은 없었지만 맡겨진 일에 최선을 다하려고 노력했습니다. 그때 하나님께서는 순종하려는 제게 힘과 열정을 끊임없이 공급해주셨습니다.

그는 그렇게 잡기 싫어했던 펜을 기쁜 마음으로 잡게 되었고 1시간도 못 앉아 있던 책상에 8시간을 앉아 있어도 지치질 않았다. 전에는 그렇게 싫던 학습이 DLS에 들어와서는 단 한 번도 싫다고 느낀 적이 없었다. 학습을 하고 있는 그도 믿기지 않는 일이었다.

그렇게 학습을 하다가 점심과 저녁에 있는 예배를 드리는 것이 그의 하루 중 가장 행복한 시간이었다. 그가 예배당에 달려 내려가 문을 열면 하나님이 넓은 품으로 안아주셨고, 지쳐 있던 그의 영혼이 다시 회복되며 생기를 되찾았다. 학습이 잘 안되거나 모의고사 성적이 좋지 않아 속상할 때 예배당에 내려가 하나님께 간절히 기도하면 하나님께서 다시 학습할 이유를 알려주고 힘과 열정을 채워주었다. 기도를 통해 '하나님과 만남'을 이어가며 그는 금세 기운을 회복하고 다시 집중하여 질 높은 학습을 지속할 수 있었다.

하나님과 동행하는 인생이 최고의 인생임을 깨닫게 되어 전에는 고난과 시련으로 느껴지던 재수 기간이 상황이 바뀐 것이 아닌데도 그의 인생에서 가장 행복한 날들이 되었다. PC방에 가서 하루 종일 게임을 하고, 학생에게 금지된 놀이를 하고, 좋은 것을 먹고 원하는 것을 얻었을 때보다도 비교할 수 없는 행복감을 느꼈다.

1 내 영혼이 은총 입어 중한 죄짐 벗고 보니 슬픔 많은 이 세상도 천국으로 화하도다. 할렐루야 찬양하세 내 모든 죄 사함 받고 주 예수와 동행하니 그 어디나 하늘나라.
2 주의 얼굴 뵙기 전에 멀리 뵈던 하늘나라 내 맘속에 이뤄지니 날로 날로 가깝도다. 할렐루야 찬양하세 내 모든 죄 사함 받고 주 예수와 동행하니 그 어디나 하늘나라.
3 높은 산이 거친 들이 초막이나 궁궐이나 내 주 예수 모신 곳이 그 어디나 하늘나라 할렐루야 찬양하세 내 모든 죄 사함 받고 주 예수와 동행하니 그 어디나 하늘나라. 찬송가 438장:내 영혼이 은총 입어

재수 시절 내내 그의 입에서 자신도 모르게 나오던 찬송이다. 이 찬송가는 그의 삶의 직접적인 경험이 되어 끊임없이 입에서 흘러나왔다. 최선을 다하여도 최고가 아니면 인정해주지 않는 세상의 가치에서 벗어나 최선이라는 두 글자를 최고의 것으로 여기시는 하나님 앞에서 그는 마음껏 노력하고 꿈을 꿀 수 있었다. 세상이 원하는 어떠한 사람

이 되기보다는 하나님이 창조하고 아들 삼아 주신 '나'라는 존재 안에서의 특별한 본연의 가치와 자존감을 되찾고 그 위에 서서 자유롭게 하나님을 위한 일을 할 때 그는 인생에서 가장 행복한 순간을 경험할 수 있었다.

결실

모의고사 성적에 깜짝 놀라다

그렇게 '하나님과 만남'을 지속하며 하나님을 위해, 하나님과 함께 학습하던 그는 첫 수능과는 완전히 다른 수능을 치를 수 있었다. 그리고 그는 세 번째 기적을 경험한다. 그는 재수를 시작하고 하나님을 처음 만났을 때 하나님께 말씀 하나를 받았다고 한다.

> 다윗이 블레셋 사람에게 이르되 너는 칼과 창과 단창으로 내게 나아 오거니와 나는 만군의 여호와의 이름 곧 네가 모욕하는 이스라엘 군대의 하나님의 이름으로 네게 나아가노라. 사무엘상 17:45

이 구절을 주면서 하나님은 그에게 이렇게 말씀했다고 한다.
"밖의 네 친구들, 이웃들, 친척들 심지어 가족들을 보렴. 자신들의 정욕과 세상의 가치들, 돈, 집안, 학벌, 외모를 최고와 최선으로 삼고 나의 길과 나의 방식은 거짓된 것, 어리석은 것이라고 무시하는구나. 너는 나의 방식을 가지고 나아가서 그들을 무찌르고 나의 길이 진정 진리임을 선포해라. 내가 너에게 지혜와 힘을 줄게."

이 말씀을 듣고 그는 하나님의 방식으로 서울대 체육교육과에 들어가서 하나님의 방식을 무시하거나, 알면서도 의심하는 사람들의 생각을 깨부수는 것이 목표가 되었다고 한다. 밖의 다른 수험생들은 시간이 모자란다며 잠까지 줄이면서 학습에 매진했지만 그는 DLS에서 하루 2시간 30분의 예배시간과 다니엘 신본주의 6일 학습을 철저히 지켰다. 남들은 자신의 정욕을 위해 매일매일 칼과 창을 치열하게 준비하는 와중에 그는 다니엘 신본주의 학습*이라는, 세상 눈으로 보면 어처구니없어 보이는 물맷돌을 준비한 것이다. 그러자 하나님은 그에게 준 말씀대로 신실하게 역사하셨다고 그는 고백한다.

"하루는 열이 40도 정도로 올라 앞이 보이지 않고 어지러웠습니다. 그런데 하필이면 그날은 모의고사 중 가장 중요한 한국교육과정평가원이 주최하는 9월 모의고사 전날이었습니다. 자기 전에 기도를 하고 새벽에 일어나 기도를 했습니다. 처음에는 억울해서 눈물도 났지만 기도를 하며 억울함이나 원망스러움은 다 접고 하나님이 살아계심을 이 시험을 통해 한 번 더 느낄 수 있게 해달라고 매달렸습니다. 모의고사

• 　부록 참조

를 치르러 나갔는데 여전히 어지러웠지만 전날에 비해서는 훨씬 나아져서 시험을 잘 치를 수 있었습니다. 그해 가장 우수한 성적이었습니다. 하지만 더 놀라운 일은 시험 후에 병원에서 체온을 측정해보았는데 열이 여전히 38.6도로 높은 상태였습니다. 멀쩡한 몸 상태로도 받지 못하던 점수를 고열이 나는 상태로 받았으니 정말 하나님께서 하셨다는 말 밖에는 나오질 않았습니다."

그는 전적으로 하나님의 도움을 받아 이 싸움에서 승리를 거뒀고, 다른 시험들도 담대히 치를 수 있었다. 재수 끝에 치른 수능도 마찬가지였다. 전날 긴장해서 거의 잠을 자지 못해 컨디션이 엉망이었지만 수험장에 가서는 평소처럼 시험을 치를 수 있었다. 작년 수능에서는 국어, 수학, 영어 성적이 각각 4, 3, 3등급이었는데 올해는 2, 2, 1등급을 받았다. 지난해 가장 뒤처져 거의 5등급에 가까웠던 국어는 1등급과 1점 차이 나는 2등급을 받았고 항상 발목을 잡던 수학 또한 2등급으로 올랐다. 시험을 치르고 채점하기 전까지 망쳤을 것이라 예상하던 영어는 난도가 높았음에도 불구하고 한 문제만 틀려서 1등급을 받았다. 작년까지 함께 같은 학원에서 운동을 하던 친구들 사이에서 늘 성적이 꼴찌였는데 1년 만에 1등으로 올랐다. 그에게 있어서는 사무엘상 17장 45절 말씀이 현실로 실현되는 순간이었다고 고백한다.

슬럼프와 회복

교만을 버리고 믿음을 회복하다

그러나 모든 일이 늘 이렇게 순탄하지만은 않았다. 체육대학 입시생에게는 수능 못지않게 당락을 좌우하는 실기시험이 존재한다. 그는 실기시험에서 굉장히 큰 실수를 했다. 그것도 중학교 때부터 열심히 해서 남들보다 뛰어나다고 믿었던 농구에서 말도 안 되는 실수를 했다.

"농구를 그렇게 못하고 나니 절망적이었습니다. 원하는 대학을 못 갈거라는 생각에 너무나 아쉬웠고 정말 잘할 것이라 생각한 종목에서 실수를 했다는 것이 믿기지 않았습니다. 그렇게 실기시험이 끝나버리니 발걸음이 떨어지지 않았습니다. 집에도 못 가고 텅 빈 시험장에 혼자 남아 누워버렸습니다. 허탈하고 막막하여 하나님을 찾았습니다. 하나님께서는 제게 '교만'이라는 두 글자를 생각하게 하셨습니다. 어느 순간 교만이 제 안에 들어앉아 있었던 것입니다. '나 정도면 서울대 갈 만하지, 성적 이만큼 받았고 운동도 제법 하니까 합격하겠지' 조금 자리를 잡고 잘하게 되니 하나님이 주신 것들을 나의 것인 양 붙잡고 가치로 삼았던 것입니다."

재수하는 동안 그는 '하나님과 만남'을 통해 목표를 세우고 실력을 키울 수 있었다. 그러나 성적이 잘 나오자 하나님보다는 대학 합격에 더 많은 관심을 두고 자기 힘으로 대학에 충분히 합격할 수 있다는 교만한 생각에 사로잡히게 되었다. 그는 하나님을 마음의 중심에서 주변으로 내몰게 되었다. 그런 그에게 하나님은 말씀으로 답해주셨다.

'우리가 일어나 벧엘로 올라가자. 내 환난 날에 내게 응답하시며 내가 가는 길에서 나와 함께하신 하나님께 내가 거기서 제단을 쌓으려 하노라 하매' 창세기 35장 3절*

결정적인 순간에 하나님보다 대학 합격으로 신경이 쏠려서 가장 중요한 것을 놓치게 된 그에게 하나님은 다시 하나님께로 돌아와 하나님께만 집중할 것을 요구했다. 그는 다시 하나님께 온 마음을 다해 회개기도를 하고 믿음을 회복시켜 달라고 간절히 기도했다. 그 가운데 극복하기 어려워 보이던 깊은 절망 속에서 다시 하나님의 평안이 그의 몸과 마음에 찾아왔고 그는 하나님께 깊이 감사했다. 그는 또 한 번의 기적을 경험하였는데 이를 다음과 같이 고백한다.

"저는 실기시험을 망쳐서 포기했는데 하나님께서 저를 원하는 대학교에 합격시키셨습니다. 교만했던 제가 겸손해지길 기다리신 후에 행하신 일인 것 같습니다. 이 모든 것이 하나님의 은혜이고 저의 모든 발걸음, 행동 하나하나가 위대한 하나님의 경영하심과 인도하심 아래에

* 성경 속에 야곱이라는 인물이 자기 딸이 성폭행을 당하고 그에 대한 보복으로 아들들이 성폭행한 사람과 그 지역 남자들을 죽이는 일을 겪으면서 야곱이 힘들고 어려울 때 그를 만나고 도와주셨던 하나님을 기억하며 다시 그분에게로 돌아가 예배드리며 도움을 구하고자 벧엘로 올라갈 것을 말하는 부분이다.

있음을 고백합니다. 모든 영광을 완전하신 하나님께 돌립니다. 할렐루야!!"

대학교에서 믿음을 지키는 방법

현재 성훈이는 대학교에서 하나님의 영광을 위해 몸부림치고 있다. 세상문화의 정점이자 집합체인 대학생활은 크리스천으로서 믿음을 지키며 살아가기에는 굉장히 어려운 곳이라고 고백한다.

"실제로 저는 교회를 잘 다니다가도 대학에 가서 더 이상 교회를 나오지 않는 많은 청소년을 봤습니다. 세상이 주는 달콤한 세상의 쾌락과 세상의 논리는 기독교가 가르치는 하나님의 법칙과는 거리가 멀기에 하나님의 말씀에 매력을 느끼지 못할뿐더러 거부감을 느끼기 때문입니다. 대학 신입생들이 만나게 되는 대학에서 추구하는 쾌락은 하나님께서 말씀하시는 윤리관에 비추어볼 때 이미 상상도 할 수 없는 수위까지 치닫고 있고 자기 자신을 우상으로 삼는 인본주의적 사고도 이미 대학생들을 지배하고 있습니다."

그는 대학생이 되면 집에서 학교를 다닐 수 있음에도 불구하고 여전히 DLS에서 생활하고 훈련받고 있다. 대학생활에서 오는 다양한 육체적 쾌락의 유혹들을 잘 이겨내며 하나님을 기쁘시게 하는 준비된 일꾼이 되기 위해 DLS에서 더 훈련받기로 결정한 것이다.

그의 하루는 매일 새벽을 깨우며 학생들과 함께 하나님께 예배를 드리며 시작한다. DLS에서 새벽예배를 드린 후 도서관으로 올라와 학교 가기 전까지 하루 생활을 계획하며 학습한다. 학교에 가서 수업을 듣고 농구부 동아리 활동을 마친 후 다시 DLS로 돌아온다. 가장 먼저 예배당으로 내려가 30분 정도 기도한다. 기도의 시간을 통해 학교생활 중 있었던 힘든 일들과 그의 연약함 그리고 영혼의 갈급함을 하나님께 낱낱이 아뢴다. 그렇게 하면 하나님은 그가 재수생 때에 부어주신 은혜와 위로를 똑같이 부어주신다. 그는 '하나님과 만남'을 통해 하나님의 은혜와 평안을 공급받고 그것을 붙들고 다시 한번 하루를 살아갈 힘을 얻게 된다.

교목 선생님이 대학 훈련생들에게 개인의 영적 관리를 위해 해주시는 말씀과 과제를 통해 비로소 갖가지 유혹과 은연중에 파고드는 세상의 인본주의 논리에 노출되어 있던 마음과 생각을 정비한다. 혼자서는 약하지만 매일 믿음의 친구들과 함께 예배드리고 말씀을 듣고 또 외우며 그날 그가 마주하게 될 세상의 유혹들에 깨어서 대처할 수 있다고 고백한다.

"대학에 가면 크리스천이 처음으로 마주하게 되는 문제는 술에 대한 것입니다. 일반적으로 술이 없으면 동기들과의 즐거운 자리에 함께 할 수 없다고, 술을 마시지 않으면 선배들이 따가운 눈총을 보내기에 예수 믿는 학생들이 그 앞에서 갈등하고 종종 타협하기도 합니다. 제게도 그런 유혹이 없었던 것은 아닙니다. 학교에서 운동부 활동을 하는데 가기 싫은 술자리가 꽤 있어요. 저는 처음 가자마자 술을 마실 수 없다고 말씀드렸습니다. 지금은 괜찮지만 처음 얼마 동안 선배들의 시선이 그리 곱지만은 않았습니다. 하지만 그때 제가 나서서 고기를 굽고 식탁 세팅을 하는 등 필요한 것들을 먼저 찾아 준비했고 술 대신 생수병을 들어 건배도 하고, 잘 어울리자 앞서 부정적인 시선들을 보내던 선배들이 점차 누그러지는 것을 느꼈습니다. 또한 놀랍게도 이후에는 주장 선배가 저를 진짜배기 크리스천이라고 하며 되도록이면 술자리에서 빠질 수 있게 했습니다."

하나님의 영광을 위해 몸부림치다

술 문화가 유별나던 운동부에서 이런 일은 불가능에 가깝다. 하나님은 세상과 하나님 사이에서 하나님을 선택하기로 결단하는 그에게 왕의 진미를 거부한 다니엘의 결단과 실천 위에 하나님이 축복하셨듯이 그의 삶 가운데 깊이 간섭하여 도와주었다. 그는 하나님의 뜻을 따르는 것을 그 어떠한 가치보다 귀중히 여겨 하나님의 뜻에 순종할 때 하나님이 주는 놀라운 은혜를 경험했다. 그는 심층면담을 마치면서 마지막으로 고백했다.

"제가 수험생 시절 연약함을 쏟아낼 때 손 내밀어주신 하나님, 부족한 제 힘과 의지로는 도저히 이룰 수 없었던 비전을 이루신 하나님께서 여전히 저와 함께 계시다는 것을 믿습니다. 또한 그 하나님께서는 앞으로도 제가 몸담고 있는 곳이 어디든지 저에게 약속하신 그 비전을 이루어나갈 것임을 믿습니다. 연약한 제 삶에 찾아와 나를 위하고 내 죄를 용서하기 위해 몸 바쳐 피 흘려 십자가에 매달리신 예수님을 알려주셨습니다. 그분을 삶의 구원자로 믿는 마음을 주심으로써 죄인에게 값없는 구원을 허락하신 하나님의 그 사랑과 은혜가 이 모든 것의 시작이었음을 다시 한번 고백합니다."

그는 DLS에서 대학훈련생으로 1년간 훈련을 마치고 DLS 후배들 앞에서 세상으로 다니엘 선교사로 파송받으며 나에게 손 편지 한 통을 주었다.

김동환 선생님께

선생님 안녕하세요. 정성훈입니다. 재수하는 암담한 상황 속에서 실낱같은 희망을 갖고 DLS에 입학한 지가 엊그제 같은데 벌써 대학생으로서 1년이 지났습니다. 처음 들어와서 머리를 빡빡 민 고시생 같은 당황스러운 비주얼의 엘더와, 무섭고 날카로웠던 선생님의 첫인상에 한껏 긴장했던 신입생 시절이 기억납니다. 당시에는 당황스럽고 불안했지만 이제와 생각해보니 그 만남들은 너무도 소중하고 제 인생을 송두리째 바꿀 마법의 순간이었습니다. 짧으면 짧고 길면 길다고 할 수 있는 지난 1년 11개월이라는 시간이 제게는 그 어떤 시간과도 바꾸지 못할 가장 귀한 보화와 같은 기간이었습니다. 하나님을 만나고 복음 속에서 받은 무수한 은혜들은 언제 생각해도 늘 감동으로 다가옵니다. 또한 하나님을 찾지도 않고 사랑하지도 않던 저에게 DLS와 선생님 같은 분을 만나게 해주신 하나님의 인도하심에 감사할 따름입니다. 새벽마다 능력과 도전이 있는 말씀을 들으며 하나님의 말씀이 신실하게 성취되는 것과 제 안에 일어나는 변화를 발견할 수 있었고, 복음을 원동력이자 목적 삼고 하는 학습은 더 이상 억지로 하는 일이 아닌 하나님 안에서의 기분 좋은 소명이었습니다.

2018. 1. 26.

정성훈 올림

성훈이는 나에게 며칠 전에도 모바일 메신저로 소식을 전해주었다. DLS에서 세상으로 파송받아 세상의 온갖 쾌락 문화가 난무하는 대학 한복판에서 치열하게 '하나님과 만남'을 지속하며 하나님이 주신 비전을 붙들고 몸부림치는 그를 보면서 참 많은 것을 배우고 느끼게 되었다. DLS를 떠나 세상 한복판에서도 하나님을 붙잡고 하나님을 위해 치열하게 준비하는 그의 모습 속에서 '하나님의 존재'와 '하나님과 만남'이 가지는 의미와 영향에 대해 더 깊이 확인할 수 있었다.

꼴통 흡연왕 목사 아들,
담배를 끊고
새 인생을 시작하다

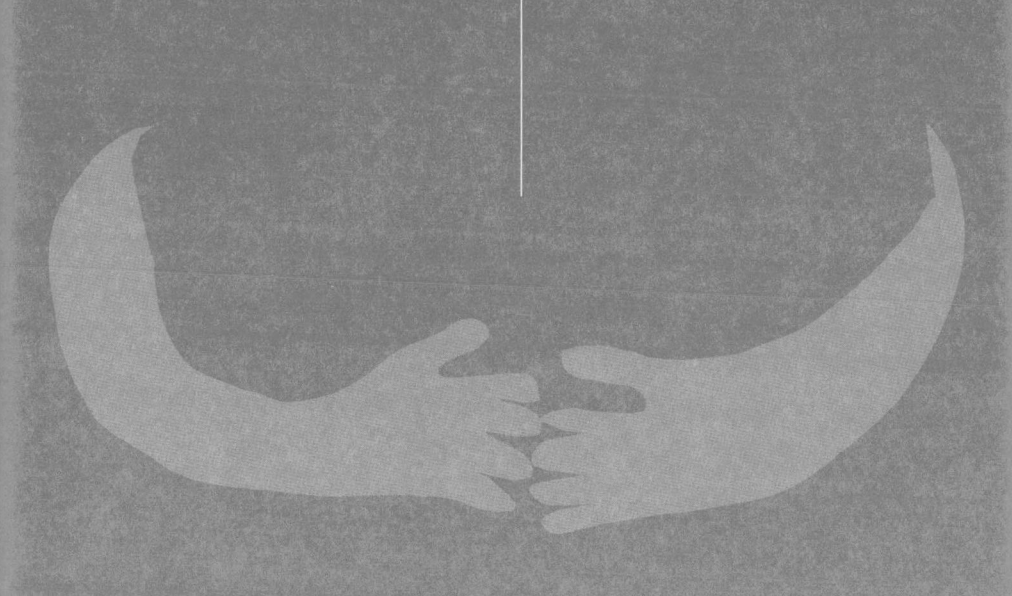

DLS에 들어온 지 1년이 된 고3 학생 석주는 목회자 가정에서 태어난 P.K. pastor kid이다. 그는 초등학교 때부터 고등학교 때까지 많이 방황했으며 소원이 '세상에 있는 모든 담배를 다 피워보는 것'일 만큼 흡연을 사랑했다. 그는 아버지가 목회하시는 교회 화장실에서도 담배를 피워 대걸레 자루로 피멍이 들도록 맞았지만 담배를 끊지 못했다. 담배를 피우지 않으면 밤에는 잠도 안오고, 아침에는 정신이 몽롱해서 잠에서 깨어나기도 어려웠다. 그렇게 담배를 사랑하고 술과 음란물에 빠진 채 방황하던 그가 인생의 여러 고비를 지나 DLS에 입학한 후 하나님을 인격적으로 만났다. 그 이후 그는 그토록 좋아하던 담배를 끊고 하나님을 사랑하고 하나님의 영광을 위해 사는 새로운 인생을 살고 있다.

중2병에 걸린 말썽꾸러기

석주는 어릴 때부터 선교를 하시는 부모님을 따라 많은 믿음의 사람들에게 축복과 사랑을 받으며 유년기를 보냈다. 초등학생이 되자 매우 활발한 성격에 장난이 심해 선생님들 사이에서는 꽤 유명한 악동이었다. 그렇다 보니 어머니가 담임 선생님께 불려가 걱정을 듣는 일이 많았다. 이유도 다양했다. 여자 아이들을 괴롭힌다, 수업 시간에 떠들어서 수업 진행이 안 된다, 산만하다 등등. 초등학교 3학년 때 담임 선생님은 석주에게 "너는 미래에 철가방 메고 짜장면 배달하며 다닐 놈"이라고 악담을 할 정도였다.

석주 아버지는 석주가 중학생 때에 목회활동을 시작했는데 사역은 열심히 하였지만 가족과의 관계는 소홀하였다. 석주는 항상 아버지와 가까이에서 수시로 아버지 설교를 들었지만 늘 아버지와 멀리 떨어져 있는 느낌을 받았다. 석주는 중·고등학교 시절 아버지와의 좋은 추억에 대한 기억이 없었다. 석주 아버지가 후에 고백해서 알았지만 어렸을 때 당신의 부모님이 이혼하여 아버지 없이 지냈고 아버지에 대한 기억은 상처밖에 없었다고 했다. 아버지로서 어떤 역할을 해야 하는지 잘 몰라 미안하다고 하셨다.

석주의 말썽은 중학교 때에도 계속되어 이른바 중2병으로 이어져 학교가 끝나면 PC방, 노래방, 당구장 등으로 놀러 다닐 뿐 학습과는 아예 담을 쌓고 지냈다. 부모님은 학습 대신에 그에게 음악을 권유하여 악기를 전공한 교회 집사님에게 클라리넷을 배우게 하였다.

클라리넷 레슨은 생각보다 재미있었다. 선생님도 잘한다며 칭찬을 아끼지 않으셨고, 음악에 재미를 붙여 수업이 끝나면 매일 가던 PC방, 노래방, 당구장도 마다하고 음악학원으로 달려갔다. 장래희망도 음악 전공으로 정하고 열심히 했다. 그러나 시간이 지나면서 음악에 대한 한계를 느끼고 자신보다 더 앞서 나가는 또래 아이들을 보고 '나는 이 정도밖에 안 되는 놈'이라고 자책했다. 음악에 대한 열정이 사그라들고 연습에 소홀해졌다.

음악 선생님은 그런 석주를 보고 실망하고, 드럼 채로 머리나 발바닥을 때리곤 했는데 일반 음악 선생이 아니라 매 주일 교회에서는 웃으면서 자기를 반겨주는 집사님이 음악학원에서는 그렇게 자기를 모질게 대하는 모습에 큰 상처를 입게 되었다. 그 후로 그는 교회의 모든 사람과 멀어졌고 음악까지 그만두게 되었다.

"담배는 물이다?"

그는 음악을 그만두고서 다시 공부를 해보려 했지만 뜻대로 되지 않자 모든 게 싫어졌다. 학교도 재미없고, 어울리던 친구들과도 멀어져서 새로운 친구들을 찾게 되었다. 새 친구들은 불량스러운 학생들이었고, 그들과 어울리면서 그 전까지 호기심으로 한두 대씩 피우던 담배를 본격적으로 피우기 시작했다. 하루에 두세 갑 정도 담배를 피워 댔고, 하루를 담배로 시작하고 담배로 끝냈으며 그렇게 하지 못하면 그날은 정말 지옥과 같은 하루였다고 말하였다.

"물 없이 못 살듯이 저는 담배 없이 못 살았어요. 담배는 저에게 물과 같은 존재여서 갈증이 나면 물 마시듯, 담배를 피우고 싶은데 바로 피우지 않으면 미칠 것 같았어요."

석주는 모든 스트레스를 담배로 풀었다. 몸도 망가지고 성적도 엉망이고 하나님을 알고 싶다는 생각도 전혀 하지 않았다. 아버지가 목사이기에 정말 어쩔 수 없이 목줄을 찬 것처럼 겨우겨우 교회에 끌려갔지만 설교시간에 졸고 예배가 끝나면 바로 PC방으로 달려갔다. 이렇게 중학교를 졸업하고 고등학교에 올라가면서 더욱더 깊은 방황 속으로 들어갔다.

쾌락이 되풀이된 공허한 날들

고등학생이 된 그는 정신을 차리기는커녕 오히려 더 못된 행동을 함부로 하고 다녔다. 학교 식사 시간에 교실 컴퓨터로 애들하고 단체로 음란물을 보기도 했고, 친구들과 어울려 술, 흡연, 컴퓨터 게임, 당구 등 할 수 있는 못된 짓과 오락을 다 했으며 그러다가 부모님에게 들켜도 별로 신경 쓰지 않았다. 담배 역시 고등학생이 되어서도 막무

가내로 피워댔는데 집 화장실에서도 피우고 교회에서도 피울 정도였다. 목사인 석주의 아버지는 석주를 달래도 보고 엄하게 꾸짖어도 보고 때려도 보았지만 그는 아랑곳하지 않았다.

초등학교 시절부터 학습을 포기하고 고등학교에 올라갔으니 그의 성적은 언제나 끝에서 5등. 성적은 바닥이고 품행 문제로 여기저기서 걱정을 들으니 더 멀리 벗어나고 싶었다. 그는 더욱더 쾌락을 찾기 시작했다. 거의 매일 밤 가족들이 모두 잠들어 있는 새벽 3시가 넘도록 음란물 동영상이나 영화를 보며 의미 없이 그렇게 하루하루 시간을 낭비하며 보냈다. 고2 때 보다 못한 그의 어머니가 그를 스파르타식 수학학원에 보냈다. 방학 동안 아침부터 저녁까지 붙잡아 놓고 수학만 가르치는 학원이었다. 그는 수학에 대한 기초가 없었기에 하루 종일 극심한 스트레스를 받았고, 담배와 술은 점점 더 늘었다. 몸과 마음은 급속도로 망가졌으며 목표가 없었기에 삶의 의욕까지 없었다. 마음은 더 공허해져만 갔고 그것을 달래기 위해 더 많은 담배, 술, 음란물을 찾으며 악순환을 반복했다.

하나님을 만나기 위한 노력

DFC에 끌려오다

끝없이 방황하는 석주를 보며 애타게 해결책을 찾던 석주 부모님은 인터넷에서 우연히 DFC*와 관련된 영상을 보고 마지막 동아줄을 잡는 심정으로 석주에게 DFC에 같이 가자고 간곡하게 권했다. 하지만 석주는 그날 친구들과 바다에 놀러가기로 약속이 돼 있어서 1초도 망설이지 않고 안 간다며 거절했다. 석주의 성의없는 태도에 화가 난 아버지는 불같이 화를 내시며 가족학습캠프에 무조건 가야 한다고 밀어붙쳤다. 그는 어쩔 수 없이 바다 여행을 포기하고 DFC에 참여하게 되었다.

| 연구자 | 석주야! 그냥 아버지 말 무시하고 바다 갈 수도 있었잖아. 왜 DFC에 간 거니?

| 석주 | 아버지가 그날은 너무 무섭고 엄하게 말씀하셔서 끝까지 안 간다고 하면 정말 크게 혼날 것 같았어요. 또 가족캠프라고 해서 저는 가족끼리 시간 보내고 즐겁게 체험활동을 하는 건 줄 알았거든요. 그래서 간다고 했는데 진짜 그렇게 무식하게 찬양하고 예배드리는 건 줄 알았으면 절대 안 갔을 거예요.

| 연구자 | 그랬구나! 참 신기하다. 진짜 DFC 무식하고 힘든 수련회인데……. 그래서 언제 갔니?

| 석주 | 작년 여름에요.

| 연구자 | 그래, DFC에 가보니 어땠니?

• DLS 단기과정, 다니엘온가족학습수련회

| 석주 | 처음에는 사람도 많고 더워서 짜증만 났죠. 입에서 욕이 절로 나오더라고요. 그냥 집으로 갈까도 많이 생각했는데 산속이라 집으로 가기도 쉽지 않았어요.

| 연구자 | 처음에는? 그러면 나중은 어땠는데?

| 석주 | 처음에는 너무 짜증 나서 예배당에 앉아 있기도 싫었는데 주변을 살펴보니 또래 친구들이 열심히 찬양하고 예배를 드리더라고요. 왠지 나 자신이 참 볼품없이 보였어요. 그리고 나도 이제 쟤들처럼 살고 싶다는 생각이 문득 들었어요. 나도 한번 변하고 싶다는 생각요.

| 연구자 | 왜 그런 생각이 들었을까?

| 석주 | DFC에서 저처럼 방황하던 애들이 나와서 간증을 하는데 그때 많이 놀랐죠. 저도 많이 놀아봐서 걔들이 진짜 놀았던 건지 아닌지 금방 알거든요. 얘기하는 거 딱 들어보니 진짜 저보다 더 심하게 놀았던 애들이더라고요. 그런 애들이 자기가 하나님을 만나서 변했다고 하니까 저도 하나님을 만나고 싶다는 생각이 들었어요. '나도 목사 아들인데 나는 왜 하나님을 못 만나고 살았지? 하나님 만나면 저렇게 바뀔 수 있나?' 그런 생각이었어요. 그러면서 나도 이왕에 이곳에 왔으니 한번 적극적으로 참여해보자고 생각했어요.

| 연구자 | 그렇구나! 그런 생각을 하고 어떻게 됐니?

| 석주 | 저도 그 아이들처럼 찬양하고 열정적으로 예배에 참석했죠. 그랬더니 마음이 많이 뜨거워지고, 아주 오랜만에 마음이 편안해지기도 했어요.

"DLS에 보내주세요"

석주는 DFC에 처음에는 억지로 끌려갔지만 나중에는 능동적으로 참여하며 나름대로 은혜를 받았다. 집에 돌아와서 DFC에서 배운 다니엘 신본주의 학습*을 혼자서 실천해보려고 노력했다. 그런데 시간이 지나면서 캠프에서 받은 감동이 식었고, 참았던 옛날 습관들이 다시 그를 괴롭히기 시작했다. 결국 그는 옛날로 돌아가는 자신을 보았고 이렇게 옛날로 돌아가서는 안 된다는 각오로 부모님께 DLS에 보내달라고 졸라댔다.

DFC에서 알게 된 학생 가운데 한 명이 DLS 학생인데 그 학생에게 DLS에 대한 정보를 얻었다. 하지만 DLS는 기숙사형 학교여서 일반학교보다 학비가 비싸다는 것을 알고 차마 부모님에게는 말씀드리지 못하고 혼자 다니엘 학습을 해보겠다는 마음으로 집에서 노력했었다. 하지만 주변에서 계속 그를 강하게 유혹해왔다.

석주는 혼자 힘으로는 현재 환경에서 한계에 부딪힌다고 부모님께 털어놓았다. 그의 표현을 빌리면 한 달 이상 계속해서 부모님을 '찔러보며' 설득했다. 부모님도 석주를 DLS에 보내고 싶었지만 여러 가지 경제 상황이 꼬여 고민을 하다가 한 달 후에 석주를 DLS에 보내기로

• 부록 참조

결단하였다.

석주는 어렵게 허락받은 만큼 성실하게 DLS 면접을 준비했고 합격의 기쁨을 누렸다. 그는 DLS 입학 전까지 허락된 2주간의 기간을 성실하게 잘 보내리라 마음먹었지만 며칠 못 버티고 친구들과 술판을 벌이고 끊으려고 했던 담배를 다시 피우게 되었다. DLS 입학 전날까지도 석주는 친구들과 술을 마시고 술이 덜 깬 상태로 교회에 나갔다. 그리고 그날 저녁 9시에 석주는 DLS에 입학했다.

하나님과 만남

"다시 옛날로 돌아가고 싶지 않아요"

입학 전 2주 동안 방황하던 석주는 DLS에 입학한 뒤 하루 세 번의 예배를 드리며 '왜 나는 DLS에 입학하고자 굳은 결심을 했는데도 불구하고 다시 죄악에 쉽게 빠져드는 걸까?' 계속 생각했다. 그러면서 자신 안에 예수님이 없다는 사실을 깨달았다. 목사의 아들이지만 내 마음 안에 예수님이 없고 내 삶의 주인 역시 예수님이 아닌 나 자신이었다.

석주는 DLS에 들어와서 8주간 다른 어떤 것들보다 먼저 예수님을 만나기를 간절히 원했다. 기도 시간에 누구보다 열심히 부르짖었다. 성경말씀을 보고 또 보면서 예수님을 찾았다. 처음에는 아직 남아 있는 옛날 습관들 때문에 쉽게 지치고 힘들었다.

| 연구자 | 석주야! 밖에서 그렇게 담배 피우고 술 마시고 음란물 보다가 DLS는 새벽에 일어나 저녁까지 예배, 운동, 학습밖에 안 하는데 적응하기 어땠니?

| 석주 | 처음에는 죽는 줄 알았어요. 진짜 담배가 머릿속에서 마구 빙빙 돌고 머리가 터질 것 같았지요. 금단현상이 와서 손도 부들부들 떨리더라고요. 술도 마시고 싶고 음란물도 보고 싶고……. 학습을 안 하던 제가 하루 종일 책상에 앉아 있는 것도 힘들었지요.

| 연구자 | 그런데 어떻게 이겨냈니?

| 석주 | 하나님이 정말 계시나 의심했어요. 하나님을 부르짖고 기도하며 성경을 봐도 별로 특별한 일이 안 생겼거든요. 그래서 포기하려고 했는데……. 설교 시간에 계속 포기하지 말고 좀 더 기도의 볼륨을 높이라는 말씀을 듣게 되었어요. 만날 때까지 포기하면 안 된다고 좀 더 기도하라고. 그래서 힘들었지만 좀 더 기도했어요. 더~ 더~ 그러다가 정말 하나님을 만나게 되었어요.

| 연구자 | 하나님과 만나기 위해서는 꼭 그렇게 기도의 볼륨을 높이면서 전심으로 찾아야 하니? 건성으로 찾으면 못 만나니?

| 석주 | 네.

| 연구자 | 왜 대충 찾으면 못 만나?

| 석주 | 하나님이 저희 구원자이시고 제 삶의 주인님이신데 하나님 입장에서 생각해봐도 대충 만나고 싶다고 하는 사람을 만나고 싶겠어요? 가장 중요한 것은 성경에도 전심으로 찾아야 만난다고 했어요. 저도 대충 찾기도 해봤고 전심으로 찾기도 해봤는데 그 결과가 천양지차예요. 전심으로 찾는 것이 진리인 것 같습니다.

| 연구자 | 그럼 대충 하나님을 찾아본 적도 있어?

| 석주 | 대충 찾으면 근본적인 자기 변화도 없고 열정도 없고 그냥 말씀 들으면 그런가 보다 정도로 끝나지 근본적인 제 삶의 변화가 없습니다.

| 연구자 | 그러면 열심히 열정적으로 하나님을 찾았을 때는 어떻게 달라졌어?

| 석주 | 맨 처음에는 힘들었지만…….

| 연구자 | 뭐가 힘들었는데?

| 석주 | 막상 하나님을 위해 살아간다는 것이 너무 힘들고 지금도 많은 유혹 가운데 살고 있는데 만약 하나님을 전심으로 찾지 않고 관계가 소홀해지면 다시 옛날로 돌아가려는 제 모습을 보면서 계속 하나님과의 관계를 유지하고 이어가는 것이 중요하다는 것을 깨달았습니다.

| 연구자 | 하나님을 열정적으로 찾으니 진짜 근본적인 삶의 변화가 있니? 구체적으로 어떤 변화가 일어났는데?

| 석주 | 제가 사는 목적이 불투명했었는데 정말 하나님을 위해서 살아야 한다는 뜨거운 마음도 주시고 살아가야 하는 이유도 주시고 학습할 이유도 주셨습니다.

| 연구자 | 그 이유가 뭔데?

| 석주 | 나중에 많은 영혼을 살려야 할 텐데 지금 준비하지 않으면 안 되겠구나! 이런 생각이 들면서 매일매일 학습하기 싫지만 참고 인내하면서 학습하고 있습니다.

| 연구자 | 열정적으로 하나님을 찾으면 정말 만날 수 있니?

| 석주 | 네.

대충이 아니라 온 마음 다해

석주는 하나님을 만나기 위해서 건성으로도 기도해보고 열정적으로도 기도해보았다. 그는 목회자의 아들로 기도와 예배드리는 문화에 익숙했기에 대충 기도하고 예배드리는 것에 익숙한데 그때는 하나님을 인격적으로 만나지 못했다. 온 마음을 다해 전심으로 하나님을 찾고 기도의 볼륨을 높일 때 그는 하나님을 인격적으로 만나게 되었다.

그는 하나님을 만나고 나서야 비로소 자신이 심각한 죄인이라는 것을 인정하게 되었다. 그 전까지 자기 인생은 자기 것이라 여겼고 자기 자신만을 위해 살았다. 예수를 위해 인생을 산다는 것은 한 번도 생각해본 적이 없었다. 석주는 철저히 자신의 욕심과 자신의 기준대로 살았다. 그리고 그것이 잘못이라고 생각해본 적이 없었다.

하나님을 인격적으로 만난 다음 석주는 자신이 죄인임을 깨닫고 예수가 자기 대신 죽었다는 것을 믿게 되었다. 그러자 하나님께 죄송함과 감사의 눈물이 쏟아졌다. 그는 꿈도 비전도 없었고 나중에 돈을 많이 벌어서 마음껏 쾌락을 누리며 살고 싶었다. 하지만 하나님을 만나고 난 후 생각이 바뀌었다. 정욕과 쾌락을 추구하는 삶은 하나님이 기뻐하는 삶이 아니라는 것을 알게 되었기 때문이다.

그는 고린도전서 3장 16절(너희가 하나님의 성전인 것과 하나님의 성령이 너희 안에 거하시는 것을 알지 못하느뇨)과 로마서 14장 8절(우리가 살아도 주를 위하여 살고 죽어도 주를 위하여 죽나니 그러므로 사나 죽으나 우리가 주의 것이

로라)을 받아들이지 않았다. 자기 몸이 자기 것이 아니라 하나님의 것임을 그리고 하나님을 위해 살아야 한다는 것을 인정하지 않았다. 하나님과의 인격적인 만남을 통해 그것을 인정하게 되고 음란물과 술과 담배로 자신의 몸을 채웠던 것이 한없이 죄송하여 눈물로 회개하였다.

"진짜 너무 죄송하고 또 죄송한 마음이 계속 들면서 눈물이 나오더라고요. 그동안 들었던 성경말씀이 진실이라고 믿어지며 마음이 참 평안해졌어요. 늘 쫓겼는데 그냥 마음이 평안하고 기쁘고 세상이 달라 보였어요."

석주는 하나님에게 눈물로 회개를 한 후 말로 표현하기 어려울 정도로 평안함이 찾아왔다고 했다.

변화와 결실

포기했던 학습을 다시 시작하다

하나님을 만난 후 석주의 삶은 180도 달라졌다. 그는 그 전과는 달리 학습하는 목적을 찾았다. 앞으로 경영학을 전공하여 돈을 벌어 자비량 선교사가 되는 것이 꿈이다. 자신이 예수 그리스도의 좋은 군사로서 남은 인생을 살아도 예수를 위해 살고 죽어도 예수를 위해 살기로 다짐했다. 가장 복음이 필요한 곳에 복음을 전하기 위해, 예수의 좋은 군사가 되어 하나님이 준 사명을 감당하기 위해 그는 학습하기로 했다. 하루 한 시간도 제대로 학습해본 적 없는 그가 열 시간 이상을 앉아서 그동안 포기했던 학습을 다시 시작했다.

| 연구자 | 로마서 14장 8절, 예수를 위하여 살고 예수를 위하여 죽고 예수의 것이라는 말을 들을 때 어떤 생각이 드니? 이건 좀 너무 심한 얘기라고 생각하지 않니? 어떻게 예수를 위해 살고 죽지?

| 석주 | 현재 저는 이 말씀을 확신하면서 살고 있어요. 이 말씀에 순종하려고 노력하고 있어요.

| 연구자 | 정말? 정말 이 말씀을 확신하고 순종하니? 이 말 좀 지나치다고 생각하지 않니? 어떻게 이렇게 살아?

| 석주 | 예수님 만나기 전에는 저도 그렇게 생각했어요. 이 말씀을 알지도 못했고요.

| 연구자 | 너 목사님 아들이잖아? 이 말씀 정도는 들어보지 않았니?

| 석주 | 아니요. 몰랐어요. 제가 DLS에서 훈련하면서 이 말씀을 처음 들었을 때에도 왜 내가 주님을 위해 살아야 하는지 받아들이지 못했어요.

| 연구자 | 그런데 예수님을 만나고 이 말씀을 받아들이게 됐다고 했는데 어떻게 받아들이게 됐니?

| 석주 | 말씀을 듣다 보면 지식으로는 쌓여가는데 마음으로 받아들이기 어려울 때가 정말 많아요. 그때마다 이 말씀을 계속 묵상하면서 기도하다가 이 말씀을 받아들이게 됐어요. 언어로 표현하기 어려운데, 쉽게 말하면 하나님을 만나는 순간, 내 안에 있던 기독교에 대한 부정적인 생각도 없어지고 내 안에 있

던 예수님에 대한 의심들이 싹 사라졌어요. 내가 정말 하나님의 자녀이고, 하나님이 나의 아버지라는 것을 깨닫게 돼요.

늘 싸움과 다툼만 있던 석주의 가정에는 그의 변화로 인해 대화와 사랑과 서로에 대한 관심이 생겨났다. 특히 멀게만 느껴졌던 아버지와도 함께 기도해주고 서로 힘이 되어주는 믿음의 동역자가 되었다.

그는 이제 그토록 좋아했던 담배를 더 이상 피우지 않는다. 예전에는 금연하기 위해 여러 방법을 다 동원했지만 담배를 끊지 못했다. 하지만 하나님을 만난 후 자신의 몸이 하나님의 성전인 것과 하나님의 성전을 더럽히는 것을 하나님이 싫어하시는 것을 깨닫게 되었다. 그 뒤로 그는 담배를 피우고 싶을 때마다 기도실에 내려가서 기도하고 또 기도했다.

그는 학습이 힘들 때에도 기도실에 내려가서 기도한다. 그리고 다시 힘을 얻고 학습한다. 석주는 DLS에서 1년간 지내면서 중간중간 슬럼프도 있었다. 하지만 그때마다 '기도의 볼륨을 높이라'는 말씀을 기억하며 더욱더 기도하며 인내했다. 그 결과 1년을 보낸 석주는 하나님의 준비된 일꾼이 되는 것을 학습의 목적으로 삼고 치열하게 수험생활을 하고 있다.

벼랑 끝 폭력 일진소녀,

하나님의
오뚝이가 되다

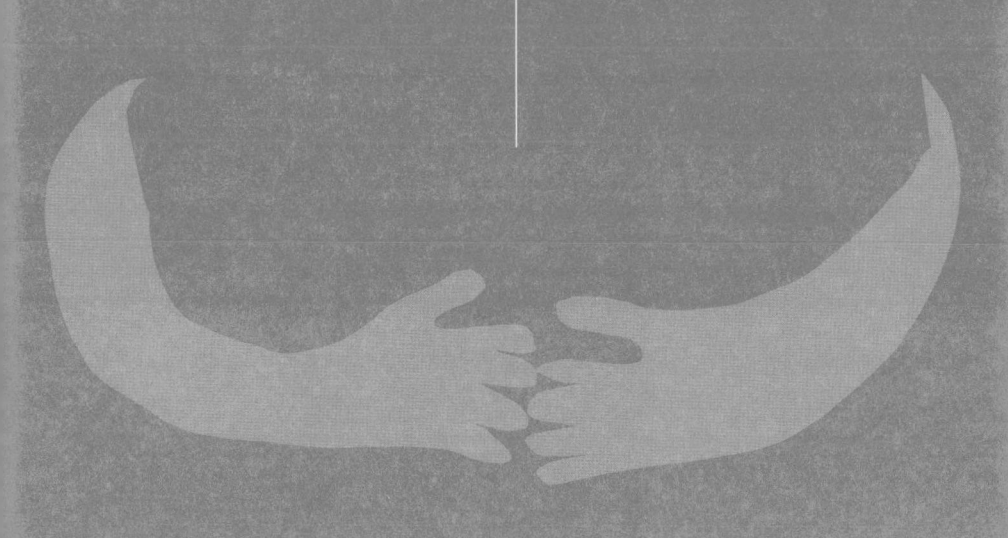

경미는 DLS에 들어와 현재 약 2년 정도 생활한 삼수생이다. 그녀는 고등학교 시절 남학생들도 겁낼 정도로 무서운 폭력 일진이었다. 일진은 중·고등학생들 사이에서 은어로 싸움을 잘하는 아이, 또는 그런 아이들로 구성된 학교 내 집단을 말한다. 하지만 속으로는 공허감에 늘 울고 지냈다. 경미는 방황과 일탈로 고등학교 시절을 보내다 학교를 스스로 나와야 하는 상황에 직면하였다. 그런 상황 속에서 DFC에 온 가족이 참여한 뒤 자발적으로 하나님을 만나기 위해 DLS에 입학했다. DLS에서 하나님을 인격적으로 만난 뒤 포기했던 학습을 다시 시작하고 하나님의 영광을 위해 열정적으로 학습을 실천하고 있다.

겉으로는 잘나가는 일진 소녀

여호와께서는 자기백성을 버리지 아니하시며 자기의 소유를 외면하

지 아니하시리로다. 시편 94:14

"씨발."

중2 때 만 원을 받으려고 부모님과 함께 간 송구영신예배에서 말씀을 들은 경미 입에서 나온 첫마디였다. 그녀는 모태신앙으로 신앙 안에서 가르치는 부모님 밑에서 자랐다. 어렸을 적 그녀 기억 속의 전부는 교회였다. 친구도, 아는 사람들도 모두 교회 안에 있었다. 하나님을 사랑하기보다는 그냥 태어날 때부터 듣고 자라다 보니 자연스럽게 날마다 교회에 가고 찬송을 불렀다. 그렇지만 그녀 안에 하나님에 대한 믿음은 없었다. 그냥 형식적으로 부모를 따라 교회에 다니는 수준이었다.

교회 수련회 통성기도 시간에 아이들이 울기 시작하면 그녀도 눈물을 흘려보고 싶어서 가장 슬픈 생각을 해서 한두 방울 정도 흘리면 목적을 달성했다고 좋아했다. 그녀는 어릴 적부터 예수님의 십자가 구원에 대해서 들었지만 그 내용에 별 관심도 없었고 마음에 와 닿지도 않았다. 그녀의 마음을 자극할 만한 거리가 되지 않았다.

경미는 어려서부터 자기중심적인 성격이 매우 강한 아이였다. 모든 세상이 자신을 중심으로 돌아간다고 생각했다. 그녀를 키워주는 부모님조차 그녀의 종이라고 생각했다. 하나님 역시 그녀의 소원을 들어주는 존재 정도밖에 되지 않았다. 이런 딸을 고쳐보기 위해 그녀 부모님께서는 강제로 신앙훈련을 시키려 하셨지만, 그녀는 하나님에 대한 갈급함을 느끼지 못했기에 부모에게 더 강하게 반발했다.

그녀 안에 있는 공허함을 채우기 위해 그녀는 하나님 대신 세상의 쾌락을 좇았다. 부모님께서 아무리 훈계해도 잔소리로만 들을 뿐이고 자존심 또한 매우 강해서 어느 누구에게도 도움을 요청하지 않았다. 어떤 갈등이 와도 혼자 버티려고 했다. 그녀는 학교에서도 손꼽히는 일진이어서 다른 학생들은 그녀가 학교생활에 어떤 두려움이나 갈등이 없을 것이라 생각하겠지만 사실 그렇지 않았다.

일진 무리 사이에서도 말하지 않는 서열이 더 분명하고 그 속에 못 끼면 물어뜯는 것이 그들의 특징이었다. 겉으로는 "의리!" "의리!" 외쳐도 정작 위급할 때는 돕지 않았다. 그녀는 정말 좋아하면 다 주고 함께하고 싶어 하는 사람이라서 이런 가식적인 행동에 상처를 많이 받았다.

집에 오면 그런 것에 신경 쓰고 있는 자신이 한심했고 시간이 지나면 지날수록 평범한 남들과는 다른 모습으로 다른 길을 가고 있는 것 같아서 힘들었다. 같이 휩쓸려 어울리지만 경미의 마음은 늘 빈 껍질뿐이었고, 늘 쓸쓸했다.

"하나님! 제발 내 인생에 끼어들지 마세요"

혼자 있을 때는 더욱 우울한 생각이 많이 들었다. 특히 아침에 자고 일어났을 때 핸드폰으로 누군가 그녀를 찾지 않으면 '언제나 혼자구나'라는 생각을 많이 했다. 그녀는 분명 입으로는 사람을 의지하지 않는다고 말했지만 알 수 없는 허전함과 외로움으로 메말라갔다. 나이가 들수록 어릴 때 꿈 많던 모습과는 많이 달라진 폭력일진인 모습을 보면서 더 슬프고 힘들었다.

경미의 얼굴엔 늘 쓴웃음이 있었고 믿고 의지하는 사람이 없으니 모든 것을 혼자 해결하려고 했다. 물론 그때는 그녀의 마음속에 하나님이 없었고 단지 '세상에 영원한 건 없다'라고만 확신하며 더 독해지려고 노력했다.

하나님을 믿는 것은 단지 수많은 종교의 일부 활동이라고 생각했다. 좋아하는 사람들을 믿거나, 새로운 만남에서 관계가 깊어지거나 심지어는 사람들에게 상처를 받는 것마저도 모두 다 억지로 거부했다. 한 명의 친구 빼고는 모두 다 친구가 아니라 '아는 애'였고 처음 사람을 만나면 그 사람에 대한 기대보다 그 또한 언젠가는 변할 거라 생각하고 벽을 쌓았다. 친구들과 주변 사람들은 아무도 이런 그녀의 진짜 마음을 몰랐다. 그저 무척 활발하고, 남학생들도 무서워하는, 기가 센 여자 아이로 알고 있을 뿐이다.

그녀 역시 남들에게 나약해 보이는 것이 싫었다. 자신의 모습이 남들에게 나약하게 비칠 때면 스스로 더 강하게 키우려고 애썼다. 그럴수록 겉모습은 강해 보였을지 몰라도 속은 썩어들어갔다고 했다.

남들은 믿을 건 가족이라고 하지만 경미는 가족과 있으면 더 답답했다. 부모님은 그녀 안에 예수가 없는데도 예수님이 있다는 것을 전제로 그녀를 신앙 안에서 가르치려 했다. 다른 집처럼 주말에 가족 여행도 안 가고 그냥 교회만 가는 고리타분한 문화도 정말 싫었다. 이 땅의 나그네라며 세상 것에 신경 쓰지 말라는 아버지의 말은 단지 종교에 미친 사람들의 말 가운데 하나라고 생각했다. 부모님이 신앙교육을 할 때마다 오히려 하나님에 대한 거부감이 심해졌고, 하나님이라 무서워서 차마 욕을 할 수는 없어 이렇게 말했다.

"하나님, 씨발 좀 내 인생에 안 끼어들면 안 돼요? 왜 내 인생에 끼어들어 날 이렇게 힘들게 해요. 우리 집에 하나님만 없으면 남들처럼 재밌게 살 수도 있을 거예요. 제발 내 인생에 참견하지 마요."

집에서는 부모님이 자기 마음속에 없는 예수님에 대한 믿음을 그저 억지로 주입시키려고만 했고, 집 밖에서는 친구들과 어울려 못된 행동이나 벌이며 자신이 원하는 삶과는 점점 더 어긋나고 있었다. 그래서 술을 마시면 더 감정이 끓어 올라와 소리 없이 울었다. '이게 아닌데, 이러려고 태어난 게 아닌데 언제부터 이렇게 됐지?'라는 생각으로 입에 술이 들어가면 친구들이 말릴 때까지 계속 마셨다. 어떤 때는 너무 허전하고 답답해서 연속으로 여섯 개비씩 줄담배를 피운 적도 있었다.

인터뷰를 하는 순간에도 그때의 기억이 떠올라서 경미는 가슴이 답답하다고 했다. 그녀는 공허함을 채우기 위해 이런저런 방황을 하거나, 이성친구나 친구들과 놀아도 마음을 채울 수 없었다. 부모님은 그녀를 포기하지 않으려고 방학마다 많은 수련회에 보냈으나 아무 변화가 없었다. 오히려 가만히 있다가도 교회나 수련회에 끌려가면 더 인상을 쓰고 더 못된 행동을 했다. 교회에 대한 거부감이 컸고 그곳에서 예배하는 아이들이 가소롭게 보였다. 학교에서 못 그러니까 교회 와서 설치는 '찌질이' 같은 아이들이라고 생각했다.

"하나님! 내 인생 책임져 주세요"

시간이 흘러가고 고3이 되자 경미는 이제 더 이상 이렇게 막 살지 않기 위해 그때 어울리던 친구들을 다 정리했다. 그러나 그녀의 바르지 못한 생활 탓에 지원한 학교 기숙사는 떨어졌고 수험생인 그녀를 옆에서 도와주고 챙겨줘야 할 엄마는 집에서 먼 학교로 발령을 받았다. 다시 경미의 마음은 불안으로 가득 찼고 이제 끝났다고 생각했다.

남에게 힘들다는 소리도 거의 안 했던 그녀였지만 자기 안의 모든 불안과 근심을 안심하고 말할 수 있는 누군가가 필요했다. 그녀는 그렇게 너무나 가난한 마음으로 부모님에 의해 억지로 다니엘 신본주의 학습*을 체계적으로 배우는 DFC를 가게 되었다.

설교 내용은 하나도 와 닿는 것이 없었다. 알아듣지도 못했지만 그

• 부록 참조

녀의 인생을 주님을 위해 살라고 하는 말이 그녀에게 거부감을 심어주었다. 그런데 설교 중 갑자기 편지 내용 한 토막을 듣게 되면서 흔들렸다. 방황하던 아이가 하나님을 만나 삶과 가치관이 완전히 바뀌었다는 내용이었다. 그녀는 가슴이 뛰기 시작하며 삶에 새로운 기회가 왔다는 생각이 들었다. 어릴 적부터 들었던 하나님을 제대로 만나야겠다고 다짐을 했다.

그녀는 자신도 모르게 흥분했고 DFC에서 알게 된 DLS에 입학시켜달라고 부모님을 재촉했다. 이런 일이 처음이었기에 부모님 또한 많이 놀라워했다. 부모님은 누구도 그녀의 고집을 막을 수 없다는 것과 DLS를 통해 그녀가 하나님을 만날 수 있으리라는 생각에 그녀를 지원해주기로 결정하였다.

그때 처음으로 경미는 '내가 예배 드리기 싫어하고 교회가 싫은 이유는 나의 하나님을 제대로 인격적으로 만나지 못해서 그럴 수 있다. 이번에 한번 제대로 만나보자'고 생각했다. 변하고 싶은 마음에 날마다 새벽기도를 가서 기도를 어떻게 해야 하는지도 제대로 모르면서 정말 간절히 기도했다.

"하나님, 제게 마지막 기회라고 생각합니다. 저는 지금 아니면 답이 없습니다. 하나님, 내 인생을 하나님이 진짜 책임져 주십시오."

그렇게 해서 그녀는 DLS에 입학하게 되었다.

하나님을 만나기 위한 노력

힘든 것들을 털어놓다

경미는 DLS에 입학만 하면 바로 하나님을 만날 줄 알았지만 오산이었다. 하나님께 가는 길은 멀고 험했다. 가장 큰 벽은 소리 내어 하는 통성기도였다. 부끄럽고 쑥스러워 따라 하기가 어려웠다. 함께 입학한 동기들 중 하나님을 만나고 방언도 받고 확 달라지는 모습을 보이는 아이들이 늘어날수록 그녀는 위기감을 느꼈다. 그래도 아무 성과가 없었던 것은 아니다. 기도에 응답은 없었지만 이상하게 찬양을 드리면 눈물이 많이 났다. 찬양예배를 통해 그녀는 마음에 많은 감동을 받았다. 단번에 하나님을 만나겠다는 욕심을 내려놓고 예배라도 열심히 드리자는 마음으로 하나님께 다가가려고 노력했다.

하나님을 만나기 위해 하나님을 부르며 소리 내어 기도해야 하는 것은 아는데 말만 하려면 답답했다. 누군가 그녀의 기도를 엿들을 것 같기도 하고 그녀의 힘든 것을 육성으로 말하려다 보니 손발이 오글거릴 정도로 창피했다. 하루하루 설교 말씀을 들으며 이성으로 받아들여지지 않는 내용도 받아들이려고 노력했다. 하나님과 만나기 위해서 노력하면 할수록 그녀가 지었던 죄가 그녀를 가로막는 것 같았다. 그녀는 자신이 더럽다는 생각이 들었다. 태어나서 처음으로 자신을 '쓰레기', '걸레'라고 생각했다.

신기하게도 찬양을 부를 때 알 수 없는 기쁨과 감사가 넘쳤다. 억지로 짜내는 눈물이 아니라 자신도 모르게 눈물이 흘렀다. 그녀는 다른 학생들처럼 "하나님 계십니까?" 이런 말조차 안 했다. 그분만이 유일한 하나님이고 정말 살아계신다는 것은 이미 알고 있었다. 그런 그녀가 그분을 진심으로 사랑하려고 하는 데는 오랜 시간이 걸렸다. 아무리 남들이 하나님을 아버지라고 말해도 그건 남들의 이야기일 뿐이었다. 그녀 자신의 마음으로 온전히 하나님을 그녀의 아버지로 받아들여야 하니까 시간이 오래 걸린 것 같다고 말했다. 하나님을 찾으려는 마음과 하나님을 사랑하려는 마음이 함께 자라다 보니, 말씀도 조금씩 이해되고, 하나님의 사랑을 알아가기 시작했다. 그러면서 그녀는 자신의 힘든 것들을 하나님께 온전히 털어놓기 시작했다.

'무슨 상관이야! 내가 하나님 만난다는데'

그녀는 앞서 말한 것처럼 사람을 믿지 않는다. 가장 잘 변하는 것이 사람이라고 생각하기 때문에 그녀의 마음에 사람의 위로 따위는 큰 힘이 되지 않았다. 그래서 DLS 입학 전에는 힘들면 누구에게도 말하지 않고 혼자 이겨내려고 애쓰던 그녀였는데 하나님을 온전히 의지하고 믿다 보니 기도로 모든 것을 다 말하고 내려놓았다. 그제야 그녀는 깊은 마음의 평안함을 느꼈다. 자연적으로 감사의 눈물이 나왔다. DLS에서 매주 외웠던 말씀으로 그녀에 대한 그분의 사랑을 느끼게 되었다. 하나님을 처음으로 만나고 알아가려고 할 때 하나님께서 그녀의 마음속 응어리들을 하나씩 풀어주셨다.

경미는 날마다 울었다. 밖에서는 거의 안 울었는데 이제는 눈물이 마르지 않아서 자신이 낯설었다. 처음에 그녀는 하나님의 사랑에 마음이 감동되어 찬양을 열심히 하면 누군가 '쟤가 갑자기 왜 이러지?'라고 생각할까 봐 눈치도 보였는데, 하나님을 더 알게 되면서 '에라 모르겠다. 무슨 상관이야! 내가 하나님 만난다는데'라는 마음으로 정말 열심히 참여했다. 특히 예배시간에는 앞자리에 앉으려고 달려갔고, 금요집회가 있기 며칠 전부터는 더 은혜를 받고 싶어서 그 집회를 위해 기도했다.

'하나님 내가 아직 하나님을 제대로 알지는 못하지만 이 집회를 통해서 하나님을 만나고 더 많이 알게 해주세요'라고 기도했다. 매일 아침 일어날 때마다 '하나님, 감사합니다'라고 고백했고, 자기 전에 잠이 오지 않으면 '그러므로 여호와께서 그의 사랑하시는 자에게 잠을 주시는 도다'(시편 127:2) 말씀을 갖고 기도했다. '하나님, 나 사랑하시면 재워주세요, 내일 생활해야 합니다' 하고 깊은 잠을 잤다. 하나님을 만나고 싶은 마음이 가득해서 잠꼬대로 '주여! 주여! 주여!'를 부르기도 했다.

하나님과 만남

"왜 나 같은 애를 살려주셨어요?"

경미는 남들처럼 한 번에 하나님을 만나지 못했다. 갑자기 마음에 불같이 뜨겁게 타오른 것도 없었다. 완고한 자아를 낮추고 꺾으며 그분께 가까이 가니 하나님이 비로소 그녀를 온전히 만나주셨다. 하나님께 그녀의 닫혀 있던 마음을 열고 가진 모든 것을 보여드리니 더 그녀를 어루만져 주셨다. 그녀의 교만함으로 그녀가 죄인이라는 것을 망각할 때가 있었는데, 기도하면서 그녀가 십자가에 주님을 못 박던 사람과 다르지 않다는 것을 다시 한번 깨닫게 되었다. 하나님께서 그녀를 참으로 사랑하신다는 것을 느끼게 되었고 정말 그녀의 참된 아버지이심을 고백하게 되었다.

정확히 언제인지 모르겠다. 스무 살 때인 것 같은데 그녀의 죄를 두고 기도하고 자신이 죄인 됨을 인정하는 기도를 하고 있었는데 갑자기 그녀가 예수님을 십자가에 못 박고 있는 모습이 보였다. 너무 괴롭고 죄송해서 정말 많이 울고 소리를 질렀다. 그녀의 죄가 하나씩 하나씩 떠오를 때마다 못질을 반복했다. 그녀의 예전 행동들이 너무 역겨워 회개하고 또 회개했다. '왜 나 같은 애를 살려주셨냐?'며 참회기도를 했다. 그러자 그녀의 마음에 감동을 주셨다. '그래도 사랑한다'는 하나님의 음성이 그녀의 마음속에 메아리쳤다. 그녀는 말로 표현할 수는 없지만 넘치는 감사로 찬송했다.

"이렇게 더러운 죄인조차 사랑해주시고 자녀 삼아주시고 버리지 않아주시니 참 감사합니다."

경미는 눈물을 흘리며 고백했다. 하나님을 만나면 만날수록 그녀의 내면 안에서는 자존감이 생겼다. 교만함으로 똘똘 뭉친 자아는 죽고 자신이 하나님의 딸이라는 것과 하나님이 그녀를 진정 사랑하신다는 것을 느꼈다. 어디를 가도 든든하고 평안했다.

변화와 결실

감사 안에서 가치관이 변하다

경미가 하나님을 인격적으로 만나기 전에는 어려움은 혼자 이겨내는 것이라 믿었고, 또 그렇게 작은 어려움들을 견뎌내다 보니 마음이 연약한 친구들을 이해하지 못했다. 그냥 정신없는 애들이라고 생각하며 친구들이 힘들어할 때 오히려 그들을 비난하고 정죄했다. 그녀는 완벽한 세상의 관점으로 모든 아이를 내면이 아닌 겉모습으로 판단했다. 그래서 못생기고 뚱뚱하고 가난하고 지저분한 아이들은 사람 취급조차 하지 않았다. 차 타고 지나가면서 저런 아이들은 왜 사는지 모르겠다고 항상 말했다.

그녀는 하나님을 만나기 전에는 감사가 없었다. 하루에 짜증 난다는 말만 100번은 족히 넘게 해서 부모님께 많이 혼나기도 했다. 항상 집에서 싸움이 일어나면 경미가 원인이었다. 부모님의 마음을 상하게 하고 동생에게 상처를 많이 줬다. 학교에서는 친구들 기죽이기를 일삼고, 맘에 들지 않는 친구가 있으면 즉시 독한 말과 행동으로 가혹하게 내쳤다.

그런데 하나님의 사랑을 알고 나서부터 그녀의 삶과 가치관이 변하기 시작했다. 학교 내에서 힘들어하는 친구들을 볼 때면, 그냥 지나치지 않고 그 마음을 이해하고 그 영혼을 주님께서 어루만져 달라고 기도했다. 화려한 것이 아니면 구질구질하다고 생각했던 그녀가 사소한 것마저도 아름답다고 감탄했다.

세상에서 화려함이 최고라고 생각해서 그 조건에 맞지 않으면 쳐다보지도 않았는데 하나님을 인격적으로 만나 하나님의 사랑을 경험하고 나니 그것이 얼마나 헛된 것인지 느끼게 되었다. 하나님의 은혜를 느끼며 지내던 어느 날 갑자기 중2 때 다니던 교회에서 말씀 구절 카드를 뽑았던 생각이 났다. 경미가 다니던 교회는 성경 구절이 적힌 메시지 카드들을 통 속에 넣고, 손으로 뽑아서 가져가게 했다. 지금까지 별생각 없었는데 갑자기 번쩍 그 카드 생각이 나서 집으로 향했다.

"여호와께서는 자기 백성을 버리지 아니하시며 자기의 소유를 외면하지 아니하시리로다." 시편 94:14

주르륵 또 눈물이 흘렀다.

'아! 하나님 감사합니다. 정말 감사합니다. 나를 버리지 아니하셔서 감사합니다. 돌아온 탕자가 바로 나였어요. 하나님 정말 감사해요. 내가 하나님을 외면했을 때 얼마나 마음이 아프셨나요? 하나님 정말 이 죄인 버리지 않으시고 끝까지 기다려주신 것 감사해요.'

하나님을 제대로 알기 전에는 이 말씀을 보고 "씨발"이라고 했었는데 이제 완전히 다른 고백을 하게 되었다. 그녀를 끝까지 포기하지 않고 하나님의 온전한 자녀가 되도록 애쓰시던 부모님께도 감사드렸다.

하나님을 인격적으로 만난 후 경험한 변화들 가운데 가장 중요한 변화는 그녀 안에 든든한 위로자가 생겼다는 것이다. 그녀가 자신이 인생 드라마의 감독이 아니라 오직 하나님만이 인생의 감독이라는 사실을 알게 되었다. 그녀가 인생의 감독이 되어 이끌어가려고 했을 때는 앞길이 막막해도 어느 누구에게 의지할 방법이 없으니까 답이 없었다. 이제는 자신의 힘을 온전히 빼고 인생의 감독 자리를 하나님께 내어드리고 의지하면 주님께서 이끌어주신다는 것을 깨닫게 되었다.

의심과 슬럼프에 빠져 기도와 예배가 싫어지기도

열정이 충만한 경미였지만 어김없이 의심과 슬럼프가 찾아왔다. 특히 기도하면서 그녀가 주인일 때가 많아졌다. 예를 들어 어떠한 제목을 두고 기도를 하고 있었는데, 정신을 차려보니 기도가 아닌 그녀의 잡생각을 하나님께 들려드리고 있었다. 할 일이 많다 보니 기도하면서 그 할 일을 두고 기도하는 것이 아니라 혼자 계획을 짜고 있었다. 그녀는 자신이 왜 기도를 하는지 진지하게 생각해보게 되었다. '기도는 분명히 하나님과의 대화이고 영적 호흡인데 이렇게 해도 되는 것인가?' 이런 생각이 들었다. '내가 하나님을 제대로 만난 게 아닌가? 내가 하나님을 사랑하는 것이 아닌가? 하나님이 날 사랑하지 않나?' 이런 의문들이 꼬리에 꼬리를 물고 생겼다. 더 나아가서는 '하나님 사랑은 필요 없는데 나 혼자서 잘할 수 있는데 내가 꼭 이렇게 하나님을 사랑하려고 애써야 되나?'라는 생각까지 들었다. 이런 생각이 자꾸 들면서 진실한 기도가 아닌 시간 때우기 식의 기도를 하였다. 그러면서 자신의 기도가 벽을 치는 기도가 되는 것 같아서 점점 더 기도하는 것이 싫어졌다.

인터뷰하는 당시에는 다행히도 경미는 슬럼프를 극복했다. 끊임없이 기도하지 않으면 그녀가 죽어가는 것을 금방 느끼고 하나님께 꿇어 엎드려 기도하지 않으면 자신의 교만함이 보이는 것을 느끼기에 더 기도에 힘쓰고 있다고 한다. 그녀는 하나님은 교만한 자를 대적하신다고 말하면서 자신이 확실히 느끼는 것은 교만할 때 슬럼프가 찾아오고 교만할 때 의심이 많이 생기는 것 같다고 했다. 그녀가 교만하면 하나님의 사랑조차 당연하게 생각하고 감사하지 않게 되어 주변 사람들 또한 사랑하지 않게 되었다.

섬김의 기회가 있어도 '저건 시간 낭비, 돈 낭비다'라는 생각을 많이 했다. '남들을 섬기면 내가 손해 보는 것이 아닌가?' 이런 생각도 자주 들었다. '그럴 때마다 내가 왜 쟤네를 섬겨야 하지? 아니 기독교는 왜 당해야만 되나? 매일 계속 사랑, 섬김 이딴 거밖에 없나?' 그러다 보니 하나님께 받은 은혜와 사랑을 나눠야겠다는 생각이 사라지기 시작했다. 값없이 받은 하나님의 사랑을 망각한 채 그녀는 그렇게 욕심내고 자만했다.

이런 슬럼프와 의심을 더 이상 견딜 수 없어 그녀는 처음 하나님을 만났을 때로 돌아가 더욱 간절히 하나님을 만나려고 몸부림치며 기도하기 시작했다. 그런 가운데 그녀는 하나님께서 그녀를 사랑하셔서 자기 아들을 대속 제물로 보내주셨다는 것을 마음으로 깊이 받아들이게 되었다. 그 말씀이 그녀 마음으로 받아들여지고 나니 하나님의 사랑을 다시 깊이 깨닫게 되었다. 그리고 "네 이웃을 내 몸과 같이 사랑하라"는 하나님의 말씀에 깊이 순종할 수 있었다.

엘더학습을 통해 하나님의 사랑을 실천하다

| 연구자 | 경미야 현재 엘더학습*을 하고 있잖아? 누구를 가르치고 있니?

| 경미 | 김별아 학생요.

| 연구자 | 네 후배니?

| 경미 | 네.

| **연구자** | 일반학교에서는 엘더학습을 하지 않잖아. 그런데 너는 네 개인 시간을 들여서 왜 후배에게 엘더학습을 해주는 거니?

| **경미** | 제가 지금 남을 위해 해줄 수 있는 게 별로 없는데 누군가에게 도움이 되어서 좋고 또 가르치면서 제가 배우는 것도 매우 많아서 좋아요.

| **연구자** | 꼭 남에게 도움을 주어야 하니? 보통 다른 애들은 친구들 가르쳐주는 시간도 아까워하잖아. 네가 그렇게 남에게 도움을 주고 싶은 생각을 하게 된 것은 무엇 때문이니?

| **경미** | 하나님을 안 만났으면 당연히 안 했을 거예요. 하나님께 감사해서 기쁘게 해드리고 싶어 엘더학습을 하는 것 같아요.

| **연구자** | 엘더학습을 하게 하는 근본적인 원동력은 뭐라고 생각하니?

| **경미** | 하나님은 나를 위해서 아들이신 예수님도 주셨는데 저는 할 수 있는 것이 그것밖에 없으니까요. 제가 남을 위해 베풀 수 있는 일이 지금은 엘더학습이라고 생각해서 하고 있어요.

| **연구자** | 그렇게 하는 것을 하나님이 기뻐하신다고 생각하니?

| **경미** | 네.

- DLS에서 먼저 배운 학생이 학습이 뒤처진 학생 혹은 후배에게 시간을 내어 학습을 가르쳐주는 것을 의미한다. 교육학에서는 '배운 내용을 가장 확실하게 자기 것으로 만드는 가장 좋은 방법의 하나는 배운 것을 남에게 가르치는 것'이라 말한다. 엘더학습은 배우는 학생에게도 도움이 되지만 가르치는 학생에게도 복습이 되기에 학습에 큰 도움이 된다. 선생님이 가르쳐주는 것과 별도로 또래 혹은 선배가 가르쳐줄 때 좀 더 편하게 모르는 것을 물어보고 자연스러운 분위기에서 학습을 배울 수 있다는 장점이 있다.

그녀는 하나님을 인격적으로 만나지 않았다면 엘더학습을 하지 않았을 것이다. 하나님의 사랑을 깊이 경험하기 전에는 엘더학습처럼 남을 섬기고 돕는 것을 시간 낭비라고 생각했다. 기독교의 섬김의 교리 자체를 받아들이기가 어려웠기 때문이다. 하나님을 인격적으로 만나고 하나님의 사랑과 은혜를 깊이 경험한 그녀는 이제는 엘더학습과 같은 섬김이 자신이 하나님을 위해 할 수 있는 귀한 섬김의 자리라는 것을 받아들이고 자신보다 학습이 부족한 친구들과 후배들을 위해 학습을 통해 하나님의 사랑을 나누게 되었다.

인내의 시간

성적의 결실 대신

경미는 삼수를 결심하며 마음이 많이 힘들었지만 다 내려놓고 하나님께 아뢰니 하나님께서 그녀를 안아주시고 그녀가 다시 일어날 수 있도록 힘을 주셨다고 했다. 그녀가 힘들어할 때마다 하나님은 주변사람들의 마음에 감동을 주셔서 그녀와 함께하셨고, 부르짖을 때마다 눈물로써 치유해주셨다.

그러나 그녀는 아직 남들이 말하는 성적의 결실을 얻지 못했다. 그녀가 교만했을 때 성적의 결실마저 있었다면 그녀가 하나님께 온전히 꿇어 엎드렸을까 의문이 생긴다고 한다. 그녀는 그녀의 정욕을 위해 학습하는 것이 아니라 하나님을 위해 학습해야 하기 때문에 더 열심히 해야겠다는 마음이 들었다고 했다.

생각해보면 작년에 경미는 하나님을 위한 학습과 자신의 욕심을 위해 하는 학습, 두 마음이 공존했던 것 같다고 한다. 욕심이 지나쳐서 마음에 불안이 있었고 근심 걱정이 있었다. 그러나 지금은 아니다. 하루하루 훈련을 받고 하나님을 만나면 만날수록 더럽고 추악한 그녀의 모습을 발견하게 된다고 했다. 남들보다 늦은 시기일 수 있지만 그녀는 지금 행복하다. 그녀의 삶에서 부분이 아니라 전부이신 주님을 만났다는 것 하나로 그녀는 정말 많은 걸 얻게 된 것 같다며 환한 미소를 보였다.

하나님을 인격적으로 만남으로써 그녀 안에 평안이 생기고 성경을 읽을 때마다 마음속에 "경미야! 내가 너를 얼마나 사랑하는지 보아라"라는 하나님의 음성이 들리고 하나님이 그녀를 사랑하신 것에 감사하여 그녀 또한 주변 사람들을 사랑하게 되었다고 말한다. 이것이 그녀에게는 가장 큰 현재의 결실이다.

성령의 조명이 필요하다

그녀와의 심층면담에서 그녀가 성경을 읽을 때마다 '하나님과 만남'을 경험하고 하나님이 그녀를 얼마나 사랑하는지를 깨닫고 확인함을 알 수 있었다. 기도로써 눈에 보이지 않는 하나님을 만나고 교제하는 방법뿐 아니라 성경을 통해 눈에 보이지 않는 하나님을 만나고 교제하는 방법이 존재함을 보여준다.

성경 디모데후서 3장 16절(모든 성경은 하나님의 감동으로 된 것으로 교훈과 책망과 바르게 함과 의로 교육하기에 유익하니)과 성경 로마서 10장 17절(그러므로 믿음은 들음에서 나며 들음은 그리스도의 말씀으로 말미암았느니라)은 성경이 하나님의 영인 성령의 감동으로 쓰인 말씀이고 그 말씀을 듣고 볼 때* 하나님을 믿는 믿음이 생겨난다고 말한다. 그래서 기독교 논리에 따르면, 인간이 마음 문을 열고 성경말씀을 보고 듣고 읽을 때 하나님을 만날 수 있고 하나님과 교제할 수 있다고 말한다.

좀 더 엄밀히 말하면 성경말씀을 보고 생각할 때, 성경말씀 속에 있는 하나님의 성품과 생각을 깨닫는다. 하나님의 성품과 생각과 뜻을 더욱 깊이 생각하고 받아들일 때 하나님을 인격적으로 만나게 된다. 이때 한 가지 주의할 것은 인간이 아무리 하나님을 만나기 위해 성경을 본다 할지라도 인간의 노력만으로는 성경 속에 있는 하나님을 만날 수 없다는 점이다. 하나님이 인간에게 자신의 말씀을 깨달을 수 있도록 도와주는 것이 필요하다.

---

* 이 당시는 활자 인쇄술이 발달되지 않았기에 개인이 지금처럼 성경을 가지는 것은 불가능하고 일주일에 한 번 회당에 모여 대표자가 양피지에 기록된 성경을 읽을 때 회중들이 그것을 들을 수 있었다. 따라서 지금 시대에 맞게 이 성경구절을 해석하면 성경을 들을 때를 성경을 듣거나 성경을 볼 때로 해석하는 것이 가능하다.

이것을 기독교에서는 하나님의 영인 '성령의 도움' 혹은 '성령의 조명'이라 말한다. 마치 빛이 없는 깜깜한 어둠 속에서 책을 보려고 할 때 글자가 보이지 않듯이 영적인 상태가 암흑 상태인 인간이 성경을 보고자 해도 그 뜻을 이해하고 받아들이기가 어렵다. 하나님의 영인 성령이 불빛을 비춰주듯이 성경 속에 있는 말씀을 깨달을 수 있도록 밝게 조명할 때 인간은 성경을 읽고 깨달을 수 있다. 성경을 통해 인간이 하나님을 만나고자 할 때는 성령의 조명이 반드시 필요하다.

요컨대, 인간의 의지적인 노력만으로 성경을 읽는다고 해서 하나님을 만날 수 있는 것이 아니다. 우선 성경을 보기 전 하나님을 만날 수 있게 해달라고 겸손하게 하나님에게 기도해야 한다. '하나님과 만남'을 위해 성경을 읽을 때는 성경 내용에 대한 성령 곧 하나님의 조명을 기도하는 것이 필요하다. 그런 다음 하나님을 향한 열린 마음과 하나님을 만나고자 하는 간절한 마음을 가지고 성경을 읽을 때 인간은 성경을 통해 하나님을 만날 수 있게 된다.

하나님이 존재하지 않는다면

기독교에서 성경은 하나님의 말씀으로 절대적 신적 권위를 지닌다. 성경은 B.C. 1500년부터 A.D. 100년까지 대략 1600년 동안 40여 명 저자들의 글로 이루어져 있다. 구약 39권과 신약 27권을 합하여 총

66권이 모여 한 권의 성경을 이룬다. 기독교의 성경은 하나님의 말씀으로 하나님께서 성경의 저자들에게 영감을 주어 하나님의 뜻을 기록했다고 말한다.*

약 1600년이라는 기간과 40여 명 저자들에 의해 기록되었음에도 불구하고 성경 각권의 주제가 서로 연결되며 완성을 이루고 있다. 기독교적 논리에 따르면 성경이 하나님의 영감으로 쓰였기에 그러하다고 주장한다. 기독교에서 성경은 하나님의 영감으로 기록된, 살아서 인간의 마음과 생각을 감찰하고, 그 안에 기록된 내용이 다 이루어지는 "하나님의 말씀"이라는 절대적 신적 권위를 지닌다.

그녀에게 인터뷰 요청을 하니 자신은 아직도 갈 길이 멀기 때문에 자격이 없다며 여러 번 거절했다. 어렵게 그녀와 심층면담을 진행하면서 눈에 보이지 않는 하나님이 존재하지 않는다면 이렇게 사람을 변화시킬 수 있을까 하는 생각에서 벗어날 수 없었다.

그녀는 자신이 "하나님의 것"이라고 말한다. 그녀의 인생에서 그녀를 가장 사랑해주시는 분은 바로 그녀의 하나님 아버지라고 말한다. 하나님은 언제나 그녀를 가장 좋은 길로 인도하시고, 그녀를 사용하시고자 마음속 더러운 것들을 깨끗이 비우도록 해주신다고 말한다. 그녀

• 디모데후서 3장 16절 (모든 성경은 하나님의 감동으로 된 것으로 교훈과 책망과 바르게 함과 의로 교육하기에 유익하니)에 보면 모든 성경의 각권이 하나님의 감동으로 기록된 것임을 분명하게 밝히고 있다.

는 하나님을 만나기 전에는 자신이 벼랑 끝의 어린 양이었다면, 지금은 하나님이 만들어주신 오뚝이가 된 것 같다고 말했다. 그녀는 나약하기에 자꾸 넘어지지만 하나님께서 그때마다 또 일으켜주니 어떤 어려움이 그녀에게 오더라도 언제나 이겨낼 것이라 말한다. 학습하다 힘들고 성적 때문에 좌절할 상황이 왔을 때에도 이제는 예전과 생각이 달라졌다.

결실

주 6일 학습에도 성적이 향상되다

| 연구자 | 경미야, 너는 하나님을 위해 학습을 시작한 지는 얼마나 됐니?

| 경미 | 2년 1개월요.

| 연구자 | 경미야, 6일만 학습하는데 불안하지 않니?

| 경미 | 별로 불안하지 않아요. 하나님을 제대로 만나고 나서부터는 주일은 하나님께 우선 온전히 드리고, 7일 학습할 분량이라도 기도를 같이하면 6일 동안 다 해낼 수 있다고 생각하니까요.

| 연구자 | 다니엘 신본주의 6일 학습을 해서 어떤 점들이 좋아졌니?

| 경미 | 구체적으로 국어는 모의고사에서 60점대였는데 90점대로 올라갔어요. 옛날에는 7일 학습해도 60점대였는데.

| 연구자 | 학습일, 즉 학습시간은 줄었는데 어떻게 성적은 더 올라간 거니?

| 경미 | 원래 국어라는 과목을 별로 좋아하지 않았고 학습방법을 몰랐던 것도 있었지만 하나님을 위해서 열심히 해야 한다는 것을 확실히 깨닫고 더 집중해서 학습하니 성적이 올랐습니다.

| 연구자 | 그래도 불안하지 않니? 그냥 보통 사람들처럼 7일 학습이 좋지 않니?

| 경미 | 하나님이 주신 십계명을 보면 안식일을 거룩히 지키라는 말씀이 있어서 당연히 하나님의 계명을 지키면서 학습하는 것이 옳다고 생각해요. 그리고 마음이 평안하니 학습 능률이 오르는 것 같아요.

| 연구자 | 주일날 예배를 드리는 것이 학습에는 어떤 도움이 되는데?

| 경미 | 밖에 있을 때는 주일 다음 날이 월요일이니까 이제 또 한 주가 시작되는구나 하고 힘들었는데. 여기서는 주일 예배를 드리고 잘 쉬니까 월요일이 두렵지 않고 더 열심히 하고 싶다는 생각이 들어요. 만약 7일을 계속해서 학습한다면 마음의 평안함이 없기 때문에 여러 세상 바람에 휩쓸려 오히려 학습할 수 있는 시간을 낭비할 것 같아요.

| 연구자 | 주일날 예배드리면서 쉬는 것하고 예배 안 드리고 놀면서 쉬는 것하고 어떤 차이점이 있어?

| 경미 | 주일날 예배드리면서 쉬는 것과 세상 문화를 즐기면서 쉬는 것은 달라요. 육체적으로 봤을 때도 은혜를 받으면 이상하게 육체의 피로가 사라지고 편안한 가운데 정신적으로도 기쁨이 생기는데, 예배를 드리지 않으면서 TV나 컴퓨터를 하면 몸이 더 상하고 머리도 아파서 더 힘들어져요. 예배가 세상 문화보다 훨씬 좋아요.

| 연구자 | 너는 다니엘 신본주의 6일 학습으로 학습 면에서 효과를 봤다고 하는데 만약 그런 효과가 없어도 할 것 같니?

| 경미 | 네, 혹시 효과가 없어도 하나님 말씀을 지키는 것이 더 중요하기에 당연히 말씀을 지키며 학습할 거예요.

그녀는 하나님과 인격적인 만남 이후 다니엘 신본주의 6일 학습을 열심히 실천 중이다. 하나님을 만나기 전에는 일요일에 학습을 해도 마음이 불안하고 공허했는데 지금은 주일에 온전히 하나님께 예배드리고 하나님 안에서 잘 쉰다. 대신 월요일부터 토요일까지 더욱더 하나님을 위해 열심히 학습하고자 애쓴다. 그녀는 그동안 방황하며 시간을 헛되게 보냈던 것을 회개하고 새로워지려고 애쓰고 있다.

하나님과 인격적인 만남이 이루어지기 전에는 성적 때문에 힘들어했고 마치 인생이 끝난 것 같았다. 지금 경미 인생의 목표는 하나님의 마음을 가장 시원하게 해드리는 사람이 되는 것이다. 하나님을 만나고 나서 그녀 안에 감사가 넘치게 되었다. 또한 하나님께서 자기에게 사랑하는 마음, 섬기는 마음을 주셨다고 생각한다. 하나님을 만남으로써 그녀 안에 감사가 생기고 삶의 비전이 생기고, 마음에 말할 수 없는 기쁨이 생겼다.

그녀의 인생은 하나님을 만나기 전에는 어두웠지만 지금은 정말 행복하다. 학습의 목적을 알게 된 것 또한 감사하다. 모든 것을 감사로 바꿔주신 하나님을 사랑한다고 그녀는 인터뷰 도중 여러 번 말했다.

심층면담을 마치고 난 후 그녀가 연구자에게 써준 짧은 쪽지를 보면서 많은 것을 배우고 느끼게 되었다.

> 선생님!!
> 심층면담하면서 하나님의 사랑을 더 느끼게 되었습니다. 참 감사드립니다. 하나님께서 저에게 주신 은혜 생각하며 더 열심히 하도록 하겠습니다. 감사드립니다.

질적 연구를 통해 연구자는 연구대상과의 인격적인 상호작용을 통해 성장하고 배움을 다시금 깨달을 수 있었다.

온라인 게임귀신,
하나님께
항복하다

대학 새내기인 태주는 대학교에서 신학과에 재학 중이다. 장래 목회자가 되는 것을 목표로 준비하는 신학생이다. 나는 태주와 거문도로 수학여행을 함께하면서 그와 많은 이야기를 나누었다. 그는 중·고등학교 때 게임을 인생의 전부로 여겼다. 삶의 희망과 목표 없이 오로지 부모 간섭 없는 곳에서 하루 종일 게임하는 것이 그의 소원이었다. 그랬던 그가 DLS에 들어와 하나님을 만난 후 이전과는 매우 다른 새로운 삶을 살고 있다. 대학생활을 하면서 때로는 넘어지고 시행착오를 겪기도 하지만 하나님을 위해 살겠다고 다짐하며 매일 치열하게 자신의 삶을 하나님께 드리고자 애쓰고 있다.

모태신앙 속에 자라난 평범한 어린 시절

태주는 울산에서 태어나 거기서 조금 더 떨어진 시골에서 자랐다.

태주 부모님은 중산층의 평범한 분들로 두 분 다 하나님을 믿고 계셔서 아들을 신앙으로 키우셨다. 태주는 초등학교 때 가끔 안방에서 눈물로 기도를 하고 있는 어머니를 보기도 했고, 어머니와 함께 거실에 앉아서 성경을 읽곤 했다.

그는 학교에서 뛰어나게 학습을 잘하지 않았지만 부모님께서는 크게 걱정하지 않았다. 다만 크게 혼을 내는 부분은 예의 없는 행동을 하거나 웃어른을 공손하게 대하지 않을 때였다. 그러한 영향으로 태주는 어릴 때 교회나 학교에서 어른들에게 사랑받는 아이였고 교우 관계도 원만했다. 하지만 행복한 유년시절은 아니었다. 그냥 목표 없이 하루하루 살았다. 누군가가 꿈을 물어보면 대통령이라고 말했지만 정말 대통령이 되고 싶어서 대통령이라고 말을 한 것은 아니었다.

그냥 귀찮아서 아무렇게나 답한 것이다. 이처럼 그는 복잡하게 생각하기를 싫어 하고, 성적에 딱히 큰 욕심도 없고, 돈에 욕심도 없고, 그저 하루를 평범하게 사는 것이 좋았다. 무언가 이루어야겠다는 목표도 없었다.

태주는 초등학교 3학년 겨울 방학 때 울산에서 부산으로 이사하게 되었다. 그는 낯가림이 심한 편이라 새로운 환경에 금방 잘 적응을 하지 못했다. 그렇게 시간이 점점 지나고 학년이 올라갈수록 점점 그의 몸무게도 같이 올라갔다. 안 그래도 낯가림 때문에 새 친구들을 잘 사귀지 못하였는데 살이 찌고 사춘기가 찾아오니 주변의 새로운 사람들과 사귀는 것을 꺼리고 혼자 지내거나 또는 원래 친하게 지냈던 친구들과만 놀았다.

　이러한 그의 소심함으로 인하여 같이 놀고 연락하는 친구가 적어질 때 즈음 태주 어머니가 비디오와 만홧가게를 하게 되었다. 그래서 그는 학교가 끝나면 늘 학교 근처 어머니의 만홧가게로 뛰어가 학원 가는 시간까지 만화를 보며 과자와 음료수, 아이스크림을 먹었다. 저녁에는 숨을 쉴 수 없을 만큼 밥을 많이 먹었다. 숨을 쉬고 움직이는 것조차 힘이 들어 항상 식사를 한 후에는 벽에 기대앉아 숨을 고르곤 했다. 몸이 점점 비대해지니 운동하는 것도 싫어하게 되었다.

　태주는 또래의 친구들이 컴퓨터 게임을 즐겨서 자연스럽게 게임을 접하게 되었다. 아버지, 어머니 두 분 모두 많이 엄하시기 때문에 어릴 적부터 그가 PC방에 가는 것을 허락하지 않아 다른 친구들이 다 온라인 게임을 할 때 그는 집에 있는 컴퓨터 CD로 게임을 했다. 집에 있는 컴퓨터의 성능이 온라인 게임을 할 사양이 안 되어서다. 온라인 게임을 할 수 없기에 아이들이 하는 온라인 게임 이야기에 끼어들지 못해 늘 답답했다. 그는 돈을 모아서 좋은 컴퓨터를 사겠다는 인생의 첫 번째 목표를 세웠다. 그리고 너무 게임이 하고 싶어서 TV에서 게임 방송을 보며 재밌어 보이는 게임은 이름을 죄다 적어놓고 나중에 컴퓨터를 사면 꼭 하리라고 다짐하곤 했다. 그렇게 게임을 하고 싶은 마음을 가슴 한구석에 쌓아두고 지내다가 결국 명절 때 받은 돈을 5년간 꾸준히 모아 그 돈으로 컴퓨터를 사게 되었다.

온라인 게임 세계에 빠져들다

인터넷도 안 되는 구식 컴퓨터에서 온라인 게임이 가능한 좋은 컴퓨터를 처음 가지면서 태주의 새로운 시대가 시작되었다. 집에서 친구들이 하는 온라인 게임을 하며 이제 이것을 통해 친구들과 소통도 할 수 있게 되었다.

| 연구자 | 태주야, 그렇게 5년간 모은 돈으로 컴퓨터를 샀을 때 기분은 어땠니?
| 태주 | 정말 이루 말할 수 없이 좋았어요. 난생처음으로 제가 목표라는 것을 세우고 5년이나 용돈을 안 쓰고 참고 모았거든요.
| 연구자 | 5년은 매우 긴 시간인데 어떻게 그렇게 참을 수 있었니?
| 태주 | 제가 컴퓨터 게임을 그만큼 좋아했어요.

태주가 처음 게임에 빠지게 된 것은 중학교 때였다. 태주는 학원을 마치고 집에 5시쯤 돌아왔다. 어머니는 저녁을 준비하셨고 태주는 먼저 가방을 내려놓고 방에 들어가 컴퓨터 게임을 시작했다. 태주는 '서든 어택'이라는 게임을 했는데 학원에서 친구와 온라인에서 만나기로 약속을 하고 각자의 집에서 같이 접속하는 형식이었다. 그렇게 학원에 다녀온 뒤 어머니가 식사 준비하는 동안 태주는 게임을 하고 밥을 먹은 뒤 아버지의 눈치를 보며 슬금슬금 방으로 들어가 다시 게임을 하였다.

중학생 때는 게임에 그렇게 심하게 빠지지는 않았다. 게임을 막 시작했을 때라 잠자는 시간은 지키고 부모님께서 그만하라고 하면 적당히 하다 그만하는 정도였다. 문제는 고등학교 때였다. 부모님 모두 태주가 학년이 올라갈수록 자율권을 많이 주셨다.

그는 남자고등학교에 진학을 하며 부모님 및 가족과의 관계보다 친구들과의 관계를 중요하게 여겼고, 친구들과 게임하는 게 좋아서 고등학생 때에는 목숨 바쳐서 게임에 빠졌다고 한다.

| 연구자 | 태주야, 고등학교 때 얼마나 게임을 열심히 했니? 대략적인 하루 일과를 말해줄 수 있겠니?

| 태주 | 음……. 간략히 말하면 잠 그리고 오락이 전부였던 것 같아요. 일단 아침에 일어나 학교에 가서 자요. 좀 더 엄밀히 말하면 자야 했죠. 전날에 밤새워 게임해서 너무 졸렸거든요. 그래서 일단 부족한 잠을 학교에서 충족시켜요. 다시 밤새워 오락을 하기 위해서도 잠을 미리 자둬야죠.

| 연구자 | 진짜 장난이 아니구나!

| 태주 | 학교에서 자고 학원을 가요. 그리고 집에 오면 대략 11시쯤 돼요.

| 연구자 | 집에 오면 바로 게임을 하니?

| 태주 | 그러고 싶은 마음이 굴뚝같았지만 아버지와 어머니가 제가 게임하는 것을 싫어하셔서 일단 간식을 먹으면서 눈치를 살피죠. 우선은 간식 먹으면서 부모님이 주무실 때까지 웹 서핑을 해요.

| 연구자 | 그냥 바로 게임하면 어떻게 되는데?

| 태주 | 아버지가 화내시면 엄청 무섭거든요. 컴퓨터 게임하는 거 너무 싫어하셔서 바로 컴퓨터가 박살 났을 거예요.

| 연구자 | 그렇구나.

| 태주 | 그렇게 기다리다 보면 애들이 하나둘씩 연락이 와요.

| 연구자 | 무슨 연락?

| 태주 | 빨리 게임에 들어오라고요. 함께 오락해야 하는데 제가 늦게 들어가고 있으니까요.

| 연구자 | 그 오락이 어떤 건데.

| 태주 | '서든 어택'이라는 건데요. 한마디로 총싸움이에요. 함께 쏘고 죽이고 하다 보면 금방 시간이 가요. 그리고 밤새 오락하다 아침에 학교에 가서 또 자죠. 이게 제 하루 일과였던 것 같아요.

| 연구자 | 와. 정말 엄청나구나!

태주가 좋아하던 '서든 어택'이라는 게임에는 '클랜'이라는 개념이 있어서 태주에게 소속감을 느끼게 해주었다. 당시 태주는 친한 친구와 함께 생성된 지 얼마 되지 않은 신생 클랜에 들어가서 클랜 랭킹이 약 3천 등이 될 때까지 함께했다. '서든 어택'이라는 게임은 인기가 많은 게임이라서 당시 클랜은 수십만 개 정도였다. 그중에서 3천 등 정도면 나름 잘하는 것이었다.

게임 시스템 중에 클랜끼리 겨루는 클랜전이라는 시스템이 있다. 모르는 사람들과 할 때는 느끼지 못하는 긴장감과 스릴이 있어서 태주를 더욱 게임에 빠지게 하였다. 클랜전이 더 재미있는 이유는 컴퓨터 게임 중 헤드셋을 끼고 서로 말을 주고받으며 할 수 있기 때문이다. 그 프로그램을 깔면 같은 클랜원들끼리 서로 말을 주고받으며 적의 위치를 알려주고 작전을 짜기 때문에 몰입감이 상당했다. 마치 태주 자신이 그 상황에 실제로 있는 듯한 착각이 들게 했다. 게임 속에서 '죽으면 끝이다'라고 생각했기에 다른 클랜원들과 결속력을 다지며 더욱더 가까워질 수 있었다.

태주는 그렇게 밤마다 헤드셋을 끼고 부모님 몰래 소곤소곤 말을 해가며 클랜전을 했다. 그렇게 클랜전을 하다 보면 시간 가는 줄을 몰랐고 어느새 해가 뜨고 있었다. 학교에서는 게임을 하지 못했지만 쉬는 시간과 점심시간을 이용하여 친구들과 모여서 공책에 게임 속에 나오는 지도를 그려가며 전략을 짜고 서로 적의 위치를 알려주기 쉽게 각 지도마다 정해진 위치의 이름을 외우곤 했다. 그리고 수업시간이 시작되면 다시 잠을 잤다.

온라인 게임에 목숨을 걸다

| 연구자 | 태주야. 너 정말 게임을 열심히 했구나! 선생님은 실제로 해보지는 않았는데 네가 정말 열심히 하는 것 보니 왠지 나도 해보고 싶은걸. 그렇다고 해도 그렇게 잠까지 안 자가며 하루 이틀도 아니고 밤새 게임을 어떻게 할 수

있을까?

| 태주 | 아마 게임하는 열정으로 학습했으면 전 서울대에 갔을 거예요. 어떻게 그렇게 열심히 했는지 지금 생각하면 놀랍기만 해요. 진짜 밥 먹는 시간도 아까웠거든요.

태주는 그렇게 학교 학습은 뒷전이고 수능 인터넷 강의 대신 어떻게 하면 폭탄을 더 잘 던지는가, 어떻게 총을 쏘면 상대가 더 잘 죽는가, 어느 위치에서 총을 어떻게 쏴야 하는지 동영상을 찾아가며 연구했다. 수능시험을 위해서 인터넷 강의를 들어본 적은 없지만 게임을 더 잘하기 위해서 게임 동영상을 구해 보며 학습과 연구를 하곤 했다. 이렇게 평일에는 학교와 학원을 다니며 나름 평범하게 보냈다. 태주가 게임에 온전히 집중할 수 있는 날은 휴일이었다.

| 태주 | 학교가 쉬는 토요일과 공휴일에는 게임으로 끝을 봤어요. 예를 들면 며칠 뒤에 공휴일이 있다고 하면요. 우선 며칠 전부터 친구들과 언제 같이 게임을 하자고 약속을 하고 정해진 시간에 게임에 접속해요. 먼저 공휴일 전날 저녁에는 다음 날 학교에 가지 않기 때문에 마음 놓고 밤새 게임을 할 수 있어요. 일단 밤을 새워 하되 아침에는 잠깐 잠을 자요. 왜냐면 그대로 밤을 새우고 게임을 하면 실력이 제대로 나오지 않거든요. 그리고 점심 무렵에 일어나서 그때부터 다시 본격적으로 게임을 하죠. 그렇게 낮부터 시작한 게임은 그날 밤을 꼴딱 새우고 다음 날 아침까지 하게 돼요.

| 연구자 | 어떻게 그렇게까지 게임을 할 수 있을까? 꼭 그렇게까지 해야 게임을 잘할 수 있는 거니?

| 태주 | 물론이에요. 사실 게임도 학습처럼 엉덩이로 하는 거예요. 한 번이라도 더 많이 쏴본 사람이 잘 쏘고요. 한 번이라도 더 많이 플레이하고 연구한 사람이 더 잘해요. 그러다 보면 하루 이틀 밤새우는 것은 당연한 거죠. 전국에 얼마나 잘하는 사람들이 많은데요. 저는 그 사람들 따라가려면 아직도 멀었어요.

그렇게 게임을 하다 보니 태주는 본인도 모르는 사이에 인터넷 게임 중독자가 되었고 생활은 무너져갔다. 텔레비전에서만 보던 게임 폐인들의 모습을 태주가 닮아가고 있었다. 예를 들어 태주가 게임할 때 부모님이 심부름을 시킨다든지 누군가 말을 걸면 짜증부터 냈다. 부모님과 관계는 점점 틀어져갔고, 하나뿐인 누나와의 관계도 점점 소원해졌다. 반면 인터넷 게임 속 친구들과는 점점 더 친해졌다. 클랜원들끼리 인터넷상에서 모이기로 한 날에 부모님이 함께 외출을 가자고 하거나 게임을 못 하게 하면 혼자 심통이 나서 반항하고 화를 냈다. 그 당시에는 가족끼리 있는 시간보다 인터넷 게임 속 친구들과 있는 시간이 훨씬 많았고 얼굴도 못 보고 실제로 만나본 적도 없는 인터넷 게임 속 사람들이 가족보다 더 소중하게 느껴졌다. 가족과의 약속은 마음대로 변경하고 취소했지만 인터넷 게임 속에서 함께 게임하는 사람들과의 약속은 정말 정확하게 지켰다.

이제 학습과는 안녕

그 당시 태주가 빠진 게임은 '서든 어택'뿐만이 아니었다. 기말시험이 끝나 친구들과 같이 학교 근처 대학교로 놀러 다니며 플레이스테이션 게임에 빠졌다. 대학교 근처로 가면 플스방• 이용료가 싼 곳이 있기 때문에 그곳에서 시간을 보내며 '철권'이라는 게임을 하며 하루 여덟 시간씩을 보냈다. '철권'이라는 대전 게임을 할 때는 키보드가 아닌 조이스틱을 쓰는데 첫날 플스방에 가서 얼마나 게임에 집중하였는지 게임이 끝나자 손가락에 물집까지 잡혔다.

이렇게 태주는 고등학교 3학년 때까지 매일매일 쉬지 않고 게임에 빠져 살았다. 주변 친구들이 하나둘 공부한다며 태주 곁을 떠나도 태주는 게임 곁을 떠나지 못했다.

고3 시절 태주가 게임 못지않게 좋아한 것이 있었는데 바로 축구였다. 학습을 등한시 하던 학생들도 고3이 되면 달라지는데 태주는 오히려 학습하는 아이들을 불러 모아서 축구에 열을 올렸다. 태주는 학습에 전혀 흥미를 느끼지 못했다. 이런 생활을 했으니 당연히 수험생으로서 의무를 다하지 못했다. 대한민국 학생들이 가장 중요시 하는 수학능력시험 준비도 하지 않았다. 하지만 낙천적인 성격이어서 낮은 수

• 플레이스테이션이나 will이라는 콘솔게임 등을 모아놓은 게임방을 의미한다.

능 점수를 받고 하루 정도 자신을 돌아보며 반성하고는 끝이었다.

| 연구자 | 태주야, 성적표 받았을 때 어땠니? 아무리 학습에 관심이 없고 낙천적이라도 수능 성적표를 보면 뭔가 깨닫는 것이 있지 않았니?
| 태주 | 이미 망쳤는데 다시 공부할 것도 아니고 그냥 이 성적으로 갈 대학이나 찾아봐야지 했어요. 그다지 심각한 반성은 하지 않았어요.

대학은 이미 태주에게 뒷전이었고 태주는 수능이 끝났다는 기쁨에 취하여 정말 정신없이 게임에 몰두하였다. 이때까지 속해 있던 클랜을 떠나 이제는 수능이 끝난 태주 친구들과 함께 새로운 클랜을 만들었다. 클랜 이름과 마크를 생각하려고 고3 때도 안 보던 영어 단어장을 뒤적이곤 했다. 태주는 수능이 끝나면 학습도 끝나는 줄 알았다. 이제 더 이상 학습과는 영원히 안녕이고 대학 가서 놀기만 하면 되는 줄 알았다. 일주일에 세 번씩 영화 보러 가고 매일 밤을 새우며 게임을 하여도 부모님은 태주를 크게 나무라거나 태주의 행동에 깊이 관여하지 않았다.

하나님을 만나기 위한 노력

지금까지와는 정반대의 생활

태주는 아버지가 소개해준 집 근처의 전문대학교 안경광학과에 진학하기 위해 접수를 마치고 면접만 남은 상황이었다. 태주가 안경광학과를 접수한 이유는 단지 태주가 다니는 교회 장로님께서 안경점을 하는데 돈을 괜찮게 번다는 이유였다. 지원한 대학교에 당연히 합격할 것이라고 믿어 신 나게 놀기만 했다. 그렇게 여느 날과 다름없이 집에서 친구들과 뭐 하고 놀지 생각하던 중에 다시 한번 학습할 생각이 없냐는 부모님 말씀을 듣게 되었다.

|연구자| 그래서 너는 어떻게 대답했니?

|태주| 억지로 하겠다고 했어요.

|연구자| 너 다시 학습하려는 생각이 없었잖아. 왜 다시 하겠다고 했니?

|태주| 정말 수만 가지 생각을 했어요. 하기 싫다고 솔직하게 말해야 하는데 말이 안 나오더라고요. 제가 학습을 안 해서 시험을 못 본 것이다 보니 다시 해보라는 부모님의 권유를 거절할 명분이 없었지요. 단지 그 이유였어요. 사실 저는 제 성적에 별로 불만이 없었거든요. 제가 가려던 전문대학교도 전혀 부끄럽거나 창피하다고 생각해본 적이 없어요. 그냥 단지 부모님께 죄송하다는 생각이 들어서 알겠다고 억지로 대답을 한 거예요.

|연구자| 그랬구나! 그래도 착하네.

그때 부모님께서 말씀하신 곳이 DLS였다. 태주는 그때까지만 해도 DLS가 어떤 곳인지 전혀 몰랐다. 그저 부모님께서 서류를 내야 한다고 해서 책을 뒤적이며 중간중간 눈에 띄는 부분을 적어서 입학서류

를 제출하였다. 집에서 먼 서울까지 가서 면접을 봤지만 태주는 자기처럼 공부 못하고 신앙도 전혀 없는 아이를 DLS에서 합격시킬 이유가 없을 것이라고 생각했다. 면접 때도 그냥 대답만 수동적으로 하고 왔기 때문에 더욱더 합격할 것이라고는 전혀 기대하지 않았다. 하지만 태주 생각과 달리 DLS에 합격했다. 그에게는 놀라운 인생의 터닝 포인트라고 할 수 있는 삶이 펼쳐졌다.

지금까지 태주는 밤을 새우고 늦게까지 잠을 자고 오후부터 생활을 하는 패턴이었으나 DLS는 일찍 자고 일찍 일어나는 아침형 학습을 하고 있었다. 처음 신입생 기간 8주 동안은 지옥이 따로 없었다. 입학한 뒤 약 3개월 동안 새벽에 예배드리고 새벽학습 하고 자고 일어나서 밥 먹고, 다시 도서관에서 졸다가 점심 먹고 예배드리고 다시 자고, 저녁 예배 드리고 운동하고 샤워하고 자는 일상 자체가 힘들었다. 예배시간에 찬양하며 뛰는 것도 어색하고 큰 소리를 내어 기도하는 것도 이상했다. 하지만 주변 사람들이 다 하기에 어느새 태주도 따라 하고 있었다. 이해할 순 없지만 예배시간에 뛰면서 예배드리는 것이 그리 나쁘지 않았다. 하지만 그것도 DLS에 있을 때뿐이었다. 4주마다 집에 가면 친구들과 밤새 게임하며 노는 예전과 다름없는 생활을 하였다. 그 당시까지도 태주는 하나님을 만난 것이 아니었다고 했다.

하나님과 만남

마음 문을 열다

|연구자| 태주야, 너 방언 받았다면서. 방언이 뭐니?

|태주| 방언은 외국말 같은 건데 하나님과 저만 알아듣는 말이래요. 제가 일부러 그런 게 아닌데 혀가 막 꼬부라져 저도 모르는 이상한 말이 나오더라고요.

|연구자| 언제 어떻게 받은 거니?

|태주| 아마도 제 기억으론 집에 다녀온 주, 금요일 집회였던 것 같아요.

|연구자| 방언을 받고 좀 달라진 것이 있었니?

|태주| 예전보다 학습도 더 하고 낮에 자는 잠도 줄이려고 했어요. 그런데 집에 가면 다시 예전처럼 온갖 죄를 다 짓는 거예요. 정말 절망했어요. 난 왜 이럴까? 난 구제불능인가? 다시 DLS로 돌아가기 싫었는데 겨우 돌아갔지요.

|연구자| 그랬구나. 그러면 언제부터 삶과 학습이 변화하기 시작했니?

|태주| 제가 방언 받고 조금 괜찮아진 상태로 집으로 가 다시 예전처럼 죄 지으며 내 멋대로 살다가 DLS에 들어온 주였습니다. 그때 금요일 집회에서 제가 그동안 지은 죄들이 떠오르며 정말 하나님께 죄송했어요. 그때 처음으로 깨달았어요. 제가 얼마나 쓰레기이고 죄인인가를. 그 전까지는 제가 나름 괜찮은 애라고 생각했거든요. 죄인이라고 생각해보지도 않았어요. 그런데 정말 얼마나 큰 죄인인지를 깨닫게 되는 거예요. 다른 사람 눈치 안 보고 펑펑 울고 기도했어요. 그렇게 기도한 적은 처음이었어요.

그렇게 하나님을 제대로 만난 태주는 결심 또 결심하였다. 더 이상 과거처럼 살지 않겠다고. 하지만 20여 년 동안 살아온 삶이 마음처럼 한순간에 바뀌지는 않았다. 나 자신을 위해서가 아니라 하나님의 영광을 위해 산다는 것이 얼마나 힘든 것인가를 절실히 깨달았다. 자신이 정말 하고 싶고 매일매일 하던 게임을 하나님을 위해서 완전히 내려놓는 것이 얼마나 괴롭고 힘든 것인가도 깨달았다. 너무 힘들어서 기도하고 또 기도했다. 하나님께 살려달라고 다시 예전처럼 돌아가고 싶지 않다고 태주는 하나님께 매일 매달리고 기도했다. 그러면서 조금씩 태주는 과거의 삶에서 벗어나기 시작했다.

| 연구자 | 마음 문을 열지 않으면 하나님을 만날 수 없니?

| 태주 | 네. 제가 경험한 하나님은 제가 만나고 싶어서 마음 문을 활짝 열어야 만나주시더라고요.

| 연구자 | 마음 문을 닫고 있을 때도 있었니?

| 태주 | 네. 하나님에 대해 부정적인 마음은 없었는데 하나님을 인격적으로 만나는 것을 경험해보지 못했으니까 만날 수 있는 줄 몰랐어요. 그러다가 하나님과의 만남을 경험한 사람들 사례를 보고 나도 하나님을 만나고 싶다는 생각이 들면서 그때부터 마음 문을 열기 시작한 것 같아요.

| 연구자 | 마음 문을 열고 나니 하나님을 만나게 됐니?

| 태주 | 네. 마음 문을 여는 것도 중요한데 하나님을 만나겠다는 의지가 더 중요해요. 마음 문을 열려고 하는 의지가 있어야 마음 문이 열리니까요.

태주는 남들처럼 하나님을 인격적으로 만나기 위해 마음 문을 열고 열심히 기도하며 간절히 하나님을 찾았다. 그렇게 간절히 하나님을 찾고 부르짖어 기도하는 가운데 태주는 하나님을 만났다. 하나님은 인격적인 분이시기에 인간이 마음 문을 열 때까지 기다리신다. 인간이 마음 문을 열고자 하는 의지가 없으면 인간은 하나님을 만날 수 없고 인격적인 교제도 불가능하다. 이 인터뷰를 통해 인간이 하나님을 만나기 위해서는 먼저 간절히 하나님을 만나고자 하는 의지를 가지고 자신의 마음 문을 여는 것이 필요함을 알 수 있었다.

회복과 결실

"얘들아, 하나님 진짜 있어!"

| 연구자 | 태주야, 만약 네가 하나님을 못 만나고 예전처럼 그냥 살았으면 어떻게 지냈을 것 같니? 원래 가려던 안경광학학과 전공으로 대학에 갔으면 지금쯤 어떤 모습이었을까?

| 태주 | 아마도 하나님을 더 이상 안 믿었을 거 같아요. 술 마시고, 담배 피우고, 당연히 학습은 안 했겠죠. 사실 제가 대학에 가려고 했던 가장 큰 이유는 부모님을 떠나 아무 대학이나 가서 기숙사 생활하며 하루 종일 게임하는 것이었거든요. 그렇게 게임만 하다가 군대 가고, 시간 지나 제대하고 나오면 제대로 해놓은 게 아무것도 없는 정말 패배자로 살았을 것 같아요.

| 연구자 | 그렇구나! 지금이 좋니? 하나님을 만나면 인생이 달라지니?

| 태주 | 제가 DLS에 들어와서 제일 감사한 것은 살아계신 하나님을 만났다는 거예요. 저는 신앙생활을 제대로 하지 않아서 항상 불안했어요. 나중에 죽으면 지옥에 갈 것 같아서 두려웠어요. 그런데 살아계신 하나님을 제대로 만나고 나니 제가 천국 갈 수 있다는 것이 제일 기뻐요.

| 연구자 | 그렇구나! 정말 축하해.

요즘 태주는 DLS 대학생 스태프가 되어 DLS에 들어오는 신입생 가운데 과거 본인과 같은 고민을 하는 친구들에게 조언을 해준다. 태주 본인이 시행착오를 겪고 때로는 좌절하여 넘어졌을 때 만난 하나님을 후배들에게 전해준다.

| 연구자 | 태주야, 주로 어떤 애들한테 조언을 해주고 있니?

| 태주 | 저처럼 게임을 많이 하다 온 애들요. 그 아이들은 하나님 만나기 전까지 DLS 생활이 거의 지옥이거든요. 하나님 만날 때까지 잘 돌봐주지 않으면 언제 뛰쳐나갈지 몰라서요.

| 연구자 | 어떤 조언을 주로 해주는데?

| 태주 | 그냥 제 얘기를 많이 해요. 저 게임한 거 얘기하다 보면 애들하고 서로 통하고 애들이 제 말을 듣더라고요. 제 경험이 이렇게 다른 사람한테 도움이 될 수 있다는 것이 신기하지만요. 정말 하나님 안에서 모든 것이 합력하여 선을 이룬다는 말이 맞는 것 같아요. 저 같은 애가 하나님을 만나서 하나님의 종

이 되겠다고 하는 것은 정말 기적이거든요. 애들한테 진짜 하나님은 있다고. 조금만 더 참고 저처럼 기도하고 또 기도하다 보면, 하나님을 진짜 만날 수 있다고 말해줘요.

| 연구자 | 태주야! 끝으로 꼭 하고 싶은 얘기 있니? 있으면 말해주렴.

| 태주 | 저 같은 사람이 누군가에게 상담해줄 수 있고 조언해줄 수 있다는 것이 참 감사해요. 사실 지금도 저는 많이 부족하고 너무 연약하거든요. 하나님을 만났지만 아직도 주변에서 조금만 바람이 불고 시련이 와도 금방 넘어져요. 정말 그래요. 진짜 죄인이에요. 하지만 그럼에도 불구하고 저를 사랑하시는 하나님이 제 옆에 계시다는 것을 알아요. 그래서 더 감사하고 더 강해졌어요. 이 죄인 태주가 신학생이 되어 하나님에 대해 학습한다는 것이 정말 감격스럽고 감사밖에 나오지 않고, 감사밖에 드릴 것이 없어요. 저는 하나님을 만나서 삶이 180도 바뀌었어요. 하나님은 정말 살아계세요.

태주는 과거에 열심히 게임했던 경험이 많은 후배를 잘 이끌어줄 수 있는 중요한 도구가 된다는 것이 신기하고 놀랍다고 한다. 보통 선생님들의 이야기는 잘 듣지 않는 아이들도 태주가 자신의 게임 중독 경험을 잠시만 들려줘도 가까이 와서 그의 이야기를 귀 담아 듣는다고 한다.

"나같이 생활했던 사람도 하나님을 인격적으로 만나서 이렇게 변화되는데 너희들도 얼마든지 하나님을 만나 변화될 수 있어! 애들아, 하나님은 진짜 있어."

이렇게 이야기하면 많은 아이가 자신도 할 수 있겠다는 희망을 품고 다시 하나님을 만나고자 노력한다고 한다. 태주는 신학교를 다니며 준비된 하나님의 일꾼이 되고자 부지런히 준비하며 생활하는 중이다. 그리고 게임으로 힘들어하는 많은 친구에게 큰 도움을 주며 그들에게 하나님을 전하고 있다.

교내 최고 문제아,
하나님을 만나
수능에서 3개 틀리다

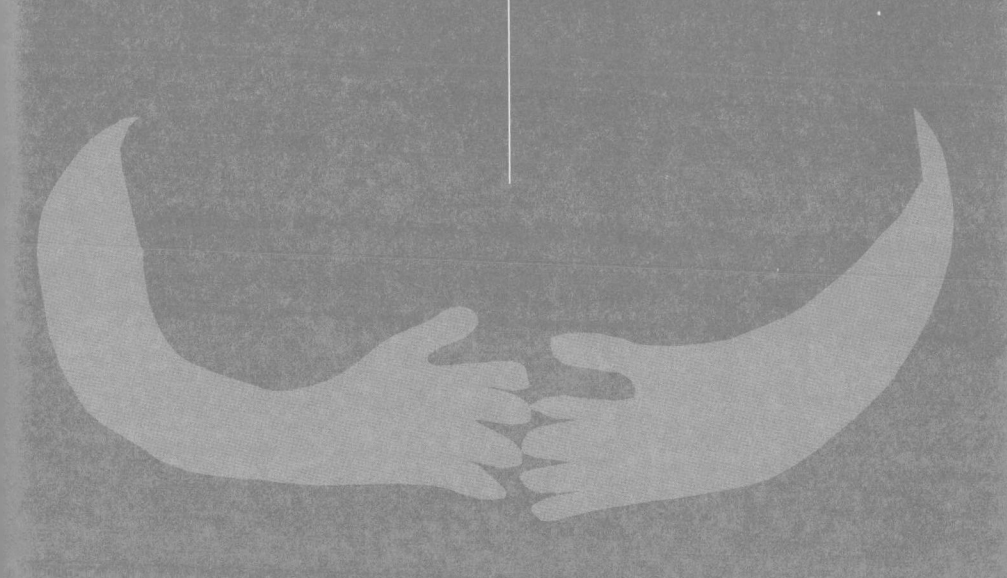

찬욱이가 DLS 입학 후 목표 대학을 고려대학교라고 했을 때 수많은 학생이 웃었다. 입학 당시 찬욱이의 성적은 중학교 내신 기준으로 국어 84점, 수학 34점, 영어 62점으로 낮았기 때문이다.

DLS 입학 전의 찬욱이를 살펴보면 학교에서 선생님들이 가장 주목하는 문제아 가운데 한 명이었다. 그로 인해 선생님이 학교를 그만둘 정도였다. 그때는 왜 학습을 해야 하는지 몰랐고 정말 학습을 싫어했다. 그런 찬욱이가 DLS 입학하고 20개월 후에 수능시험 원점수로 국어 100, 수학 92, 영어 97, 생활과 윤리 50, 윤리와 사상 50, 표준점수 합 534점으로 상위 0.2퍼센트 성적(청솔 기준)을 받고 고려대학교 자유전공학부에 고2의 나이로 남들보다 일찍 우수한 성적으로 합격했다.

DLS에 입학하기 전부터 학습이라곤 안 했던 그가 20개월 만에 수능에서 세 개만 틀렸다니 정말 믿기 어려운 일이었다. 밤새워서 학습한 것도 아니고 잘 것 자고 주일에는 예배 드리고 쉬었는데 일반적인 상식으로는 불가능에 가까운 일이었다. 단기간에 그렇게 많이 성적이 오른 것도 쉬운 일이 아니지만 롤 게임에 빠져 하나님에 대해 무관심하고 하나님의 영광을 위해 학습해본 적이 단 한 번도 없던 찬욱이가 '하나님과 만남'을 경험한 후 하나님의 존재를 인정하고 하나님의 영광을 위해 열정적으로 학습하고 눈물로 기도하는 신앙의 변화 역시 흔한 일이 아니다. 그는 이 모든 것이 하나님을 깊이 인격적으로 만났기 때문에 가능한 일이었다고 고백한다. 그는 하나님을 경외하는 믿음의 법조인이 되기 위해 매일 치열하게 준비하고 있다.

미친 듯이 게임과 여자친구에게 빠지다

찬욱이는 모태신앙으로 부족함 없는 가정의 둘째로 태어났다. 사랑을 많이 받으며 자라서 그런지 어릴 때부터 엄청 활발했고 장난기도 많았다. 그는 그림자와 키를 재고 싶다며 도로에 누워 있다가 교회 집사님에게 끌려가기도 했고, 나무가 추워 보인다고 온 동네 나무에 휴지를 감고 다니기도 했으며, 모래를 곱게 만든다고 남의 집 자동차에 모래를 문질러 부모님이 비싼 외제차 수리비를 물어내기도 했다.

그리고 친구들과 떨어지기 싫어해서 특별한 일이 있는 것도 아닌데 거의 매주 친구 집에서 자고 오기도 했다. 동네가 신도시여서 초등학교 저학년 때부터 알던 아이들이 그대로 같은 중학교에 가는 환경이기에 친구들과 더욱 친해질 수 있었다.

친구들과 놀 때는 대장 놀이를 제일 좋아했다. 교회에서 아이들을 모아놓고 자기 마음대로 등급을 올려준다는 핑계로 심부름을 시키기도 했고, 학교에서도 친구는 악당이고 나는 대장이니 너는 맞아야 한다는 논리로 맘에 들지 않는 친구를 때리기도 했다. 학교 인터넷 게시판에 '우리 내일 누구누구 때리자' 이런 글을 올렸다가 부모님께 들켜서 호되게 혼난 적도 있다.

찬욱이는 고학년으로 올라갈수록 반장도 하며 나름의 권력을 잡자 더 못된 행동으로 아이들을 함부로 무시했고, 몇몇 친구끼리만 몰려다니며 마치 독재자처럼 행동을 하고 다녔다. 남보다 인정받고 싶었고, 싫어하는 사람을 짓밟으면서까지 자기 마음대로 하고자 했다. 섬김을 받는 사람, 인정받는 사람이 높은 사람이라고 생각해서 그것을 동경하고 원했다고 한다.

찬욱이는 중학교에 올라가서 더욱더 나쁜 쪽으로 대담하고 뻔뻔해졌다. 중학생이 되어 치른 첫 시험을 망친 후 혼나기 싫어서 성적표를 조작하기도 했고, 중학교에서 새롭게 만난 친구들이 조금만 제 마음에 안 들고 그를 인정하지 않는 것 같으면 무턱대고 싸웠다. 그 싸움에서 이기지 못하면 싸운 아이 집 앞까지 찾아가 때리거나, 교실에서 의자를 던지며 위협했다. 이런 행동이 반복되자 주변 친구들이 그를 건들면 안 되는 애, 화나면 무서운 애라고 수군거렸고, 그렇게라도 인정받는 것이 좋았다. 또한 선생님들에게 반항했을 때 아이들이 높게 평가해주는 것 같아 우쭐대며 수업을 더 열심히 방해하여 선생님들과도 항상 마찰을 빚었다.

|연구자| 찬욱아, 선생님들하고 마찰이 많았다고 했는데 어느 정도였니?
|찬욱| 수업 시간에 선생님께서 무단결석으로 처리하지 않을 테니 수업에 들어오지 말라고 하실 정도였습니다.
|연구자| 그 외에 또 어떤 일이 있었니?
|찬욱| 1학기에 여러 문제로 징계를 받았는데도 친구들과 무리 지어 도가 지나친 장난을 많이 하니까 담임선생님이 우리 반을 맡기 너무 힘들다고 학교를 떠났습니다. 그 선생님이 떠나가실 때 강찬욱 때문이라고 선생님들께 말씀하셔서 여러 번 교무실로 불려 가 혼났습니다.

찬욱이의 학교생활 통지표에는 '규칙을 지키지도 않고 왜 지켜야 하는지도 모름', '공동체 생활에 부적합', '아이들에게 영향력을 주는 것은 높이 사지만 좋지 않은 쪽으로만 사용'이라고 기록되었다. 그는 분노를 조절하는 능력이 거의 장애수준이었다. 교감 선생님에게 욕을 하다 징계 직전까지 갈 정도로 윗사람에 대한 예의도 없었다. 집에서도 누나와 싸울 때면 서로 손에 잡히는 대로 물건을 던져 선풍기, 리모컨 등이 다 부서지고 유리가 깨졌다. 심지어 문에 구멍이 나기도 했다. 그러면서도 부모님 앞에서는 문제없이 생활하는 아이처럼 보이려고 노력했다. 학교에만 가면 학교 최고의 '문제아'였는데…….

터닝 포인트를 만났지만

그러다 그는 중학교 2학년 때 교회 수련회에서 전도사님의 이야기를 듣고 첫번째 터닝 포인트를 맞았다. 교회 전도사님은 그에게 그의 아버지가 얼마나 그를 사랑하는지 이야기해주셨다. 매일 눈물로 찬욱이를 위해 기도한다는 것과 주변 사람들에게 찬욱이를 위해 기도 부탁하고, 학교 담임선생님께 연락도 드리고, 아들에 대한 걱정으로 잠을 설쳐 수면제를 먹는다는 내용이었다.

전도사님은 그 이야기를 전하며 "하나님도 네 아버지처럼 널 사랑하지만 네가 모르고 못 느낀다면 그 사랑은 너에게 없는 거다"라는 말씀을 덧붙이셨다. 찬욱이는 그 말을 듣자 울면서 기도했고 그 자리에서 하나님의 은혜를 많이 받았다.

수련회를 마치고 집에 왔을 때 찬욱이는 '아버지가 정말 나를 사랑하는 것이 진짜인가?' 생각하며 잠을 못 자고 뒤척이고 있었다. 그때 아버지가 그의 방에 와서 이불을 잘 덮어주고 가습기를 켰다. 방을 나가면서 아버지는 어머니에게 "찬욱이 방이 좀 춥네"라고 말했다. 찬욱이는 그날 엉엉 울었다고 한다. 그동안 아버지에게 너무 미안했고 감사했다. 이제까지 들어오던 아버지의 모든 훈계가 잔소리가 아닌 사랑으로 다가왔다. 그 이후 그는 바르게 생활하고 성경을 읽고 기도하기로 다짐했다.

그 일이 있은 후 생활도 많이 안정되고 화를 내는 일도 줄어들었지만 본질적인 문제는 해결되지 않았다. 한 번 은혜받은 것으로 하나님과의 만남을 유지하기에는 세상의 유혹과 시험이 너무 강력했다. 롤 게임이 우리나라에 출시되기도 전에 그 게임을 좋아하던 친구가 재미있다며 알려줘서 게임을 시작했고 점점 깊게 빠져들기 시작했다.

|연구자| 찬욱아, 처음에 롤 게임을 했을 때 어땠니? 많이 재밌었니?

|찬욱| 처음 한 판은 재미가 없었어요. 그래서 다른 게임 하려다 두 번째 판을 해봤는데 흥미가 생겼고, 세 번째 판부터 진짜 재미있었죠. 그 뒤로 열심히 키보드를 두들기며 게임을 했습니다. 1년이 좀 지나자 포인트제도였던 게 등급 제도로 바뀌었습니다. 그게 아이들 사이에서는 뭐라도 되는 것처럼 자랑처럼 여겨졌고 저도 아이들에게 지기 싫어 열심히 게임을 했어요. 잘하는 애들이 많으니 나름 머리를 굴려 전문성을 높이려고 한 캐릭터만 2000게임 가까이 했습니다. 이제 와서 생각해보니 2천 곱하기 40분이면 8만 분…….

그는 한편으로는 게임 중독에 빠지고 다른 한편으로는 한 이성친구에게 빠졌다. 아침에 눈떠서부터 새벽에 잠들기 전까지 카톡을 주고받았다. 학교에 가면 그녀와 계속 같이 있었고, 방과 후에는 친구들과 게임하다가 집에 가면 또 그녀와 카톡을 했다. 밥 먹으면서도 카톡하고, 만나서 놀자고 카톡하고. 정말 몸은 떨어져 있어도 정신은 늘 함께 지냈다. 유일하게 싸우는 이유는 친구들과 게임하느라 미처 그녀의 카톡을 확인하지 못할 때였다.

그렇게 늘 모든 것을 함께하고 싶으니까 결혼도 빨리 하고 싶다고 가족들에게 말했다. 부모님은 절대 안 된다고 말리시며 교제 자체를 반대하셨다. 그렇다고 말을 들을 그가 아니었다. 용돈이 생기면 몰래 선물을 사다 주고 항상 강아지 산책을 핑계로 강아지를 데리고 그녀 집 앞에 찾아가 만나곤 했다.

게임과 여자친구가 있어도 그의 엉뚱한 행동은 계속되었다. 특이하고 재미있는 것이 하고 싶어 돈을 모아서 이온음료를 욕조에 가득 받아 목욕도 해보고, 노숙을 해보기도 했다. 그렇게 공부 안 하고 재미있게 놀 생각만 했는데도 성적은 그럭저럭 유지했다. 그 방법은 다음과 같았다고 한다.

"중학교 성적은 평균이 중요하고 평균을 보기 때문에 그걸 인지하고 상대적으로 학습을 해도 잘 오르지 않는 국영수는 학습을 잘하는 친구에게 노트를 빌려 선생님이 시험에 나온다고 말한 것만 한두 번 살펴봅니다. 그리고 벼락치기가 가능한 기술, 도덕, 가정, 체육 같은 걸 열심히 합니다. 특히 도덕은 선생님이 예뻐서 진짜 열심히 했습니다. 그러면 평균이 어느 정도 높게 나옵니다."

사는 게 왜 행복하지 않을까?

고등학교 원서 쓸 때가 되었지만 그는 별생각 없이 친구들과 게임하며 시간을 보냈다. 그는 어느 고등학교를 가든 게임만 할 수 있으면 상관없다고 생각했다. 아버지가 주위의 일반고는 절대 보내지 않겠다고 해서 할 수 없이 가장 낮은 자율형 공립고에 지원했다. 낮은 성적과 생활기록부에 쓰인 징계 기록, 안 좋은 평가들 탓에 당연히 떨어졌다. 불합격 발표가 나는 그날까지 그는 친구들과 놀이공원에 가 있었다. 불합격 소식을 엄마에게 전화로 듣고 끊은 다음 바로 탔던 롤로코스터에서 느낀 기분은 아직도 잊을 수가 없다고 한다. 그때 찍힌 사진을 보면 친구들은 다 무서워서 눈을 감거나 웃고 있는데 오직 그만 눈을 뜨고 영혼이 나간 것처럼 카메라를 쳐다보고 있었다. 부모님은 미국에 가거나, 집에서 홈스쿨링을 하자고 했지만 그는 그냥 일반고를 보내달라고 떼를 썼다. 그런 가운데 10년 전쯤 알고 지내던 부모님의 친구분께서 집으로 전화하셨다. 그분들은 찬욱이가 어느 고등학교를 가려는지 묻고 DLS를 소개해주었다. 아버지는 친구 아들이 다니고 있는 DLS에 보내기로 다짐하였다.

"부모님께 미안한 마음도 있었고 DLS를 그냥 학교 정도로 생각했기 때문에 아버지 뜻에 따르겠다고 했어요. DLS에 가는 것을 기회 삼아 졸업식 때까지의 시간을 알차게 보내리라 생각했습니다. 무슨 군대 가는 사람처럼 입학하기 전 꼭 해야 할 것에 대한 리스트를 적었습니다. '큰 사우나 가보기'라는 계획을 세워 인천까지 갔고, '겨울바다에서 놀아보기'라는 계획으로 펜션을 잡고 친구들과 바다에 가기도 했습니다. 초등학교 선생님과 친구들까지 다 연락하고 만났습니다. 나중에는 여러 친구들과 함께 한 친구 집에 가서 술을 마시고 잠들고 하는 일이 반복됐습니다."

그는 그 당시 술을 마실 때마다 엉엉 울었다. 친구들은 찬욱이가 멀리 기숙사 학교에 가서 그런가 보다 생각했다. 그러나 찬욱이는 이렇게 계속 혼잣말을 했다. "왜 사는 게 이렇게 안 행복하냐? 어떻게 해야 행복하냐?" 그렇게 그해 2월 DLS에 들어갔다.

하나님을 만나기 위한 노력

"이제는 날 좀 보지 않겠니?"

DLS에는 두 가지 부류의 학생이 있다. 첫 번째 부류는 처음 들어왔을 때부터 죽자 살자 하나님을 찾는 쪽이고 다른 부류는 나중에야 정신 차리고 하나님을 찾는다. 찬욱이는 첫 번째 부류였다. 그는 입학한 후 너무 힘들었다. 늘 같이 있던 친구도 없고, 새 친구를 사귀자니 뭔가 배신하는 것 같은 기분이 들었다. 내가 최고인 줄 알았는데 형들은 무섭고 게임도 못 하고 밥도 정해진 시간에 먹어야 했다. 책상에 앉아있는 것도 힘들었다.

그는 어릴 때부터 힘들면 '하나님께 부르짖어라'라고 부모님께 배웠기에 힘든 만큼 하나님을 열심히 찾아보았다. 그렇게 열심히 찾고 또 찾는 가운데 어느 날 예배를 드리면서 처음으로 하나님의 음성을 들었다. 그는 아직도 어제 들은 것처럼 생생하다고 고백한다.

"왜 힘들어하느냐, 왜 이렇게 아파하느냐, 내가 너를 항상 사랑하고 있었는데 이제는 날 좀 보지 않을래?"

하나님은 늘 악으로 달려가는 그의 뒤에서 하나님을 보라며 기다리셨고 그가 뒤를 돌아보는 순간 그를 꼭 안아주셨다. 하나님이 얼마나 좋으신 분인지 찬욱이는 그때 처음으로 깨달았다. 그동안 그가 사랑했던 것들이 사실은 그가 사랑받고 싶어서 의지하던 것들이었음을 알게 되었다. 하나님만이 그가 어떤 상태에 있다 하더라도 그를 있는 그대로 사랑하는 분임을 알게 되었다. 하나님은 그가 매일 새벽마다 듣는 설교와 뜨거운 찬양예배를 통해 그의 마음을 계속 두드렸다고 한다.

"날마다 강요하시는 것이 아니라 끝없는 사랑으로 설득하셨습니다. 이제 나를 따르라고 그만 낑낑대고 네 짐을 하나님께 맡기라고. 선한 것이 하나도 없던 제 안에 처음으로 하나님의 사랑에 보답하고 싶다는 마음이 넘쳐났고 힘들 때마다 안아주시는 하나님의 품이 너무나도 따뜻하고 감사했습니다. 나라는 존재에 혼란스러워하던 저는 주님을 알고 모든 것이 안정되었습니다. 인정받으려고 사랑받으려고 부들부들 떨던 것이 사라지고 그 사랑이 사라질까 봐 늘 마음에 있던 불안함도 평온으로 바뀌게 되었습니다."

그는 처음으로 어릴 적에 느끼던 순수한 마음이 다시 그 안에 생기는 것을 느꼈다. 어떤 때는 너무 갑자기 변한 모습에 혼란이 찾아오기도 했다. 그는 자기 같은 죄인을 왜 하나님이 사랑하는지 도무지 이해가 되지 않았다. 그는 너무도 궁금해 하나님께 기도했다.

"하나님, 진짜 저 사랑하세요? 제가 뭐길래……. 저는 하나님을 찾지도 않았는데 하나님에게 저는 뭔가요? 어떤 존재인가요? 하고 기도한 적도 있습니다. 그러다 어느 순간 예수님 어떻게 나 같은 거 때문에 십자가에 달리셨나요? 하면서 울고 있는데 하나님께서 너는 당연히 나에게 아들이지, 너도 알고 네 입으로 고백하고 있잖아, 하셨어요."

비로소 그는 하나님의 사랑이 자기 안에서 믿겨지는 것에 감격해서 침대에서 잠을 이루지 못했다. 그는 저녁예배에서 찬양할 때 그 전까지 밖에서 가장 즐거웠던 순간들을 떠올려보고 지금 느끼는 행복과 비교해보았다. '아! 하나님을 찬양할 때 오는 행복이 진정한 행복이구나'라는 것을 느꼈고 '하나님의 자녀는 하나님의 사랑으로만 채워질 수 있는데 그걸 알지 못해서 그토록 공허했구나. 그토록 채워보려고 했지만 헛수고였구나' 하는 것을 깨달았다. 나아가 다른 사람들이 자신을 어떻게 보는지만 생각하며 집착하던 그였지만 하나님은 그대로의 자기 모습을 사랑하신다는 것도.

'이제 누구 차례인가?'

| 연구자 | 찬욱아, 하나님이 너를 있는 모습 그대로 사랑한다고 했는데 좀 더 자세히 설명해주겠니?

| 찬욱 | 제가 하나님을 만나려고 할 때 자꾸만 세상에서 배운 대로 내가 가진 것 중 좋은 것을 들고 나서려고 하면 하나님은 저에게 그런 것 다 필요 없다. 나는 너와 함께 있는 것을 원한다. 그렇게 말씀하시는 거예요. 저는 그때 하나님은 그냥 내 존재 자체를 사랑하신다는 것을 알게 됐어요.

찬욱이는 그때 자기가 학습을 잘하고자 했던 것과 외모에 관심이 많았던 것과 친구관계를 잘 유지하려 했던 모든 것이 사랑받고 싶어 하는 마음에서 비롯됐음을 알게 되었다. 그와 동시에 자기가 받고 싶었던 그 사랑은 하나님만이 줄 수 있다는 것도 알게 되었다.

'하나님과 만남'을 통해 하나님의 사랑을 경험하면서 그는 그의 의지로는 절대로 포기하지 못하던 죄악들을 하나둘씩 내려놓기 시작했다. 그렇게 DLS에서 두 달을 보낸 후 처음으로 집에 갔을 때 부모님은 돌아온 탕자를 맞는 기분이라고 반 농담으로 말했고 아버지는 그가 해맑게 웃는 것을 초등학생 이후 처음 본다며 좋아하셨다. 그는 부모님께 감사했고 죄송했으며 부모님 존재 자체에 깊은 사랑을 느꼈다. 하나님 다음으로 부모님이 참 고맙고 죄송했다. 그는 성령 하나님이 자기 안에 함께 계심을 알게 되면서 행복감을 느꼈고 그때 다음과 같은 다짐을 했다고 한다.

'정말 하나님을 위해 살자. 예수님이 먼저 다가오시고 사랑해주셨는데 나는 그냥 반응하는 것뿐인데 그것도 못하나, 예수님은 십자가 죽음까지 순종하셨는데, 이제 누구 차례인가.'

연구자는 별도의 심층면담을 마련해 '하나님과 만남'에 대해 좀 더 그와 이야기를 나눴다. 그는 아주 구체적이고 자세하게 이야기했다. 그는 자기 자신이 감정적인 것에 속아 하나님을 만났다고 착각하고 싶지 않아 아주 철저하게 자기가 하나님을 만났는지 만나지 않았는지에 대해 끊임없이 의심하며 확인했다고 고백한다.

하나님에 대한 지식이 경험을 통해 사실이 되다

| 연구자 | 찬욱아, 네가 처음 하나님을 만났을 때 어떤 일들이 일어났니? 좀 자세히 말해주렴.

| 찬욱 | 제가 하나님을 처음 만났던 그 순간은 바로 이런 느낌이었어요. 이전까지의 제 삶이 머릿속에 영상처럼 흘러가는데 그 뒤에 늘 하나님이 슬프게 바라보고 계시는 것이 보였어요. 이것이 사실인지 확인하고 싶었어요. 혹시 내가 감정적인 것에 휘둘려 현실이 아닌 것을 보는 것은 아닐까 걱정이 되어 기도하던 눈을 떴지요. 눈에는 분명 그냥 예배당만 보이지만 그래도 제 앞에 있는 '무엇'을 인정할 수밖에 없었어요. 눈에는 보이지 않는데 분명하게 느껴지기에 부정할 수가 없었던 거예요. 눈에 보이지는 않지만 분명히 인식할 수 있는 것을 없다고 할 수 없는 것처럼 저는 그 존재를 부인할 수 없었어요. 눈을 감으나 뜨나 그 인식이 다름이 없는걸 보니 시각은 그분을 느끼는 데 작용하는 부분이 아니었던 것 같아요. 제가 하나님의 존재를 느끼게 되었을 때 저는 제 안에 있

던 지식이 달라지는 경험을 했어요. '예수님이 저를 위하여 죽으셨다. 저를 사랑하셔서 십자가에 달리셨다' 하는 그저 기독교 교리 정도로 제 머리에 있던 지식이 마치 제가 생활 속에서 겪은 생생한 경험과 똑같은 실제 경험을 통해 사실로 받아들여졌어요.

하나님이 그를 찾아 만나주셨을 때 비로소 예수님의 죽음이 그의 죄를 대신한 구원임을 온 몸과 마음으로 깨닫고 받아들였다. 그는 그때 처음 '앞으로의 인생은 예수님을 위해 살겠다'고 인생을 건 결단을 할 수 있었다고 한다. 그는 이것을 '하나님과 만남'이라 표현했다.

그가 하나님을 만났을 때 외적으로는 눈물과 콧물이 흘러나왔다. 그의 감정적인 부분을 자극할 다른 어떤 것이 없는 텅 빈 예배당이었지만 그는 '하나님과 만남'을 통해 기쁨과 감사를 확실히 느낄 수 있었다. 그는 나중에 더 성경을 학습하고 하나님에 대해 알게 되면서 이것이 그의 잠재의식이 만든 어떤 현상이 아니라 '성령 하나님'의 감동·감화·역사하심이라는 것을 알게 되었다.

그는 하나님을 만나기 전까지 자신이 누군가에게 온전히 받아들여진 경험이 없다고 고백한다. 그는 사람들에게 인정받고 사랑받고 온전히 받아들여지고 싶어 끊임없이 자신을 포장해왔다. 많은 친구가 항상 그의 주변에 있었지만 그는 늘 공허하고 허무했다. 그러나 하나님을 만난 순간 자신이 누군가에게 온전히 받아들여지는 경험을 하게 되었다. 비워진 부분이 꽉 채워지는, 불안함이 온전히 없어지는, 영원한 것을 붙잡은 것 같은 경험이었다. 그는 그 경험 속에서 처음으로 자신이 죄인이라는 진실을 바라보게 되었고, 죄인인 자신을 있는 그대로 받아주는 존재이신 하나님이 계시기에 아무도 없는 예배당에서 감사와 죄송함의 눈물을 흘린 것이다. 그리고 하나님의 존재를 확신하게 된 뒤 자신이 하나님에게 어떤 존재인지 확인하고 싶었다.

"하나님, 하나님에게 저는 어떤 존재인가요?"

'너는 당연히 내 아들이지, 예수와 바꾼 내 아들이야.'

그의 귀에 분명한 음성이 들렸다. 어떤 감정에 사로잡혀 스스로를 속이는 것이 아닐까 하는 의심이 들기도 했지만 의심의 순간에도 너무나 확연한 그 음성을 계속 들으면서 그는 감사의 눈물을 흘리지 않을 수 없었다.

변화와 결실

"하나님, 저는 학습이 너무 싫어요"

매일매일 '하나님과 만남과 교제'를 지속하며 그는 학습을 다시 시작했다. 학습을 열심히 하지 않던 그가 다시 학습을 한다는 것은 쉬운 일이 아니었다. 중학교 3학년 마지막 기말고사 성적은 국어 84점, 수학 37점, 영어 62점이었다. DLS에 입학한 후 중학교 3학년 수학 기초가 너무 없어 고1 나이임에도 수학은 중3 수준부터 다시 해야 했다.

영어는 단어를 몰라 모의고사를 풀지 못해 단어부터 다 외워야 할 정도였다. 자꾸만 똑같은 걸 물어봐서 바보라는 소리를 듣기도 하고, 곱셈 공식을 못 외워서 혼나기도 하고, 영어 단어 시험을 보면 계속 틀려 시험을 몰래 빠지기도 했다. 예배시간에 큰 은혜를 받았지만 막상 일상으로 돌아와 학습을 하려면 이런 생각이 들었다. '내가 왜 앉아서 이걸 하고 있지?'

그는 이유 없이 힘든 일을 하는 것을 세상에서 가장 싫어했다. 그래서 학습도 딱 목적에 필요한 만큼만 하고, 잠도 지각하기 직전까지는 꼭 자야 하고, 씻는 것도 냄새가 나거나 위생상 문제가 있어 보여야 씻고, 누워서 할 수 있는 일은 굳이 앉지 않고 누워서 하는 그런 방식의 소유자였다. 그래서 학습하려고 앉아 있어도 '학습은 왜 해야 하지? 그냥 하나님 믿고 잘 살면 되지 않나? 어떻게든 먹고는 살 텐데……' 하는 생각이 머리에서 떠나지 않았다. '상위 1퍼센트 대학이면 99퍼센트는 그 대학을 안 나오는 건데, 100명 중에 문제없이 사는 사람이 한 명 뿐인 것은 말도 안 되는 소리야!'라며 나름 논리적으로 생각했다. 그 뒤로 기도할 때 그는 이렇게 기도했다고 고백한다.

"하나님 저는 학습이 너무 싫어요. 그리고 왜 해야 하는 거죠? 다니엘이 학습 잘했나요? 모세 때는 학습도 없었잖아요. 이건 저한테 고통만을 안겨주는 악입니다. 하나님, 학습이 하나님의 뜻이 아니라면 빨리 다 때려치우게 해주세요."

그렇게 기도하던 어느 날 하나님께서 그에게 이런 마음을 주었다.

'내가 우리 가정에서 태어난 것이 우연일까? 내가 이 나라에, 학생으로서 살고 있는 것이 그저 우연일까? 하나님이 주사위를 획 던지는 것처럼 아무 계획 없이 그냥 나온 대로 나를 세상에 던지신 것일까?'

아무리 생각해도 그가 만난 하나님은 그러실 분이 아니었다. 그리고 다음과 같은 깨달음을 얻게 되었다. '예배를 드리고 싶어도 못 드리는 나라가 있고, 학습을 하고 싶어도 못하는 환경이 있다. 능력을 보이려고 해도 객관적인 기준이 없이 계급 같은 것으로만 평가를 받던 시대가 있었다. 만약 지금 이 시대에 내 삶이 모두 우연이 아니라 다 하나님의 계획이라면 학습을 통해서 하나님께서 이루고자 하시는 것이 있으신 것은 아닐까?'

그가 아무렇지도 않게 누리고 있었던 학습할 수 있는 기회, 직업 선택의 자유, 노력으로 얻을 수 있는 영향력 같은 것들이 사실은 다 하나님이 주신 은혜이고 기회였다면, 그에게는 그 은혜를 갚아야 할 책임과 기회마다 최선을 다해야 할 의무가 있는 것이 아닌가 하는 생각이 가슴에 꽂혔다.

예배는 예배당에서만 드리는 것이 아니라 모든 삶 속에서 올려 드리는 것이라고 배웠는데, 상식적으로 학습할 수 있는 대한민국 학생이라는 신분으로 그가 원하는 대로 놀고먹는 것은 누가 봐도 그의 유익을 해하는 것이고 하나님이 기뻐하지 않을 것 같다는 생각이 들었다. 나아가 막연하게 생각하던 비전, 예수님의 사랑을 실천하고, 전도하기 좋은 변호사라는 직업을 가지려면 학습이라는 것이 필수적이라는 생각이 뇌리를 강하게 스쳤다.

"하나님 베드로도 그냥 그물을 던지라니까 던지고 그 뒤에 하나님께서 역사하셨잖아요. 저도 다른 곳이 아닌 제게 주신 이 삶 속에서 최선을 다하고 순종할게요. 어떤 일을 이루실지는 아직 잘 모르겠지만 하나님께서 다 이루시겠죠? 하나님께서 계획이 있으신데 제가 불순종해서 이루지 못하면 너무 비참할 것 같습니다. 한번 진짜 열심히 해볼게요. 제게 주신 이 길들과 기회에 최선을 다해보겠습니다."

"하나님! 하기 싫은 학습 오늘도 시작합니다"

찬욱이는 그 뒤로 정말 열심히 학습하려고 노력했다. 학습법을 물어보러 형 누나들을 쫓아 다니고, 학습 잘하는 친구에게 계속 질문하고, 수업시간에는 눈에 불을 켜고 집중했다. 평일에 그날 해야 할 학습을 제대로 열심히 못한 것 같으면 시무룩해졌다. 그런데 주일에는 학습을 안 해도 마음이 평안하고 기쁘기만 했다. 세상 사람들의 기준으로 보면 일요일 학습을 하지 않고 쉬고 예배 드리는 그 시간이 아까워야 하는데 전혀 그렇지 않았다.

하나님의 뜻대로 살고자 하니 하나님은 그에게 하나님의 방식을 알려주셨고 안식일을 기억하여 거룩하게 지키라는 십계명의 말씀을 거리낌 없이 지킬 수 있도록 도와주셨다. 6일만 학습하는 것을 1년으로 계산해보면 주일에도 학습하는 것보다 약 52일의 시간이 줄어드는데 일반적으로 생각했을 때 수능을 준비하는 학생으로서는 멍청한 짓이라고 여길 수 있다. 한편으로는 '하나님을 위한 학습인데 주일에 해도 상관없지 않나?' 하는 마음이 있었다. 그러나 교목 선생님께서 비유를 들어 "네가 아들에게 쉬라고 말했는데 아들이 쉬지도 않고 밤새 네 구두를 닦아 놓았다고 하면 기쁠 것 같니, 하나님의 일은 특별한 예외를 제외하고 하나님께서 정해주신 룰 안에서 행하는 것이 가장 좋단다." 하는 말씀을 듣고는 '맞아, 학습도 하나님 기뻐하시라고 하는 건데 주일만큼은 예배에 더 많은 시간을 드리고 휴식해야 하나님이 더 기뻐하실 거 같아' 하는 마음을 가지게 되었다.

찬욱이는 원래부터 학습을 열심히 하는 학생이 아니었기에 중간에 낙심이 되고 힘들 때가 참 많았다고 한다. 자기와 같이 입학한 한 여학생이 쉬는 시간에도 눈에 불을 켜고 집중해서 수학 문제집을 푸는 모습을 보고 '저게 평소에 학습을 열심히 해놓은 애들의 자산이구나! 나도 중학교 때 좀 해둘 걸' 하는 생각이 들기도 했다. 자기는 수학 학습의 최대 한계가 두 시간이어서 그 시간이 넘어가면 아무리 집중하려고 해도 머리가 하얘지고 지끈지끈거릴 뿐 아무 생각이 들지 않았다.

학습을 안 하던 학생이 열심히 하려 할 때 느끼는 공통점이 있다. 선생님들이나 부모님들이 '넌 머리는 좋은데 학습을 안 해서 그래' 하는 말을 믿고 있었는데 정작 해보면 여러 유혹들을 물리쳐 가며 학습하는 것이 얼마나 어려운가를 느끼고 갑자기 큰 낙심을 경험한다. 그 또한 수학은 개념을 배워도 응용문제를 하나도 못 풀어 자꾸 답지를 보게 되고, 영어는 맞혀보려고 해도 단어를 모르니까 도저히 풀 수가 없었다. 국어는 분명 한국어인데 암만 쳐다봐도 모르겠고 시간 안에 다 푼다는 게 가능하기는 한 건가 하는 벽에 부딪혔다. 심지어 탐구라는 과목이 있어서 선택을 해야 한다는 것은 고등학교 1학년이 끝나갈 즈음에야 알게 되었다. 그쯤 되자 좌절할 수밖에 없었다. 그렇게 계속 넘어지면서 '과연 하나님이 이것을 진짜 원하실까' 하는 의문이 자꾸만 생겨났다.

'온 물질이 다 하나님 것인데 내가 뭐 헌금 조금 한다고 해서 하나님이 그걸 기뻐하실까? 내가 찬양하지 않아도 온 만물이 하나님을 찬양할 텐데 기뻐하시기나 할까? 내가 학습을 열심히 하는 게 하나님에게 유익이 된다고 해도 진짜 보이지도 않을 정도 아닐까?'

하나님이 기뻐하시는 자리

그렇게 하나님의 뜻을 구하자 하나님께서 "네 인생 어느 순간에 가장 행복하니?" 하고 그에게 물으셨다. 그는 이전까지의 모든 시간을 돌이켜 즐거운 일들을 떠올려보니 '어떤 일' 때문에 즐거워했던 것보다는 그 일을 함께한 사람 때문에 행복했던 기억이 훨씬 더 많았다는 것을 알게 되었다. 그리고 무엇보다 행복한 순간들을 생각하니 하나님께서 함께 해주셨던 때였다. 그에게 다가와 위로해주셨을 때, 그의 찬양을 받아주시고, 예배를 받아주셨을 때 정말 행복했다. 그래서 그는 하나님과 동행하는 것을 느낄 때에 가장 행복하다고 고백했다.

> 내가 무엇을 가지고 여호와 앞에 나아가며 높으신 하나님께 경배할까 내가 번제물 1년 된 송아지를 가지고 그 앞에 나아갈까.
> 여호와께서 천천의 수양이나 만만의 강수 같은 기름을 기뻐하실까. 내 허물을 위하여 내 맏아들을, 내 영혼의 죄를 인하여 내 몸의 열매를 드릴까.
> 사람아 주께서 선한 것이 무엇임을 네게 보이셨나니 여호와께서 네게 구하시는 것이 오직 공의를 행하며 인자를 사랑하며 겸손히 네 하나님과 함께 행하는 것이 아니냐. 미가서 6:6-8

그러자 하나님께서도 그의 기도내용과 똑같은 말씀으로 그가 하나님과 겸손히 동행하기를 원한다고 그 무엇보다 우선적으로 그것을 바란다고 답해주었다.

그는 '하나님과 만남과 교제'를 지속하면서 하나님이 기뻐하시는 자리와 슬퍼하시는 자리가 있다는 것을 알게 되었다. 상식적으로 봐도 클럽에서 술을 마시거나 세상 죄를 짓는 모든 순간 그 마음속에 성령님이 기뻐하시고 함께 해주신다고 생각하기는 어렵다. 그러나 하나님의 일을 위해 비록 부족하더라도 과부가 두 렙돈을 드리는 심정으로 최선을 다해 올려드리는 삶의 순간에 하나님께서 그것을 기쁘게 받으시는 것은 분명한 일이다. 그리고 그 순간이 하나님께서 그와 함께 해주시는 자리라는 것을 알게 되었다. 그래서 그냥 하나님이 기뻐하시며 함께 해주시는 그 자리에 있고 싶다는 마음으로 매일 학습을 시작하기 전에 식사기도를 하는 것처럼 짧게 기도를 했다.

"하나님이 이 자리에 나를 앉히시고 학습시켜주시는 것임을 고백합니다. 내가 최선을 다하는 이 삶을 받아주시고 함께 해주세요. 그것을 바라며 이 하기 싫은 학습 오늘도 시작합니다."

그러자 학습이 별로 힘든 일처럼 느껴지지 않고 다른 사람과의 비교에서 오는 좋지 못한 감정도 사라지게 되었다. 친구들과 다 같이 좀 힘든 일을 해도 재미있고 추억으로 남는 것처럼 하나님을 인식하고 그의 삶의 주인임을 인정하고 함께하려고 노력하니 학습하고 예배드리는 하루가 참 행복했다.

하나님의 은혜 없으면

그는 하루하루 자신의 한계와 싸우며 지치고 힘들 때마다 예배를 통해 힘을 받고 나아가니 노력에 열매들이 맺히기 시작했다. 1년이 지났을 때 가장 끈질기게 학습했던 국어는 꾸준히 1~2등급을 유지했고 중3 수학부터 시작한 수학은 고등학교 진도를 다 끝냈다. 영어 또한 단어장 안에 있는 모든 단어를 통으로 다 외웠고 수업 때 배운 독해법과 문제 풀이들을 반복하자 3등급 점수대로 올랐다. 점수가 안 나오던 수학도 한참 동안 어떻게 해야 할지 너무 막막했는데 수학 학습의 뼈대를 세우는 법을 알게 되어 흥미를 갖고 열심히 노력하였다. 실력이 안정되자 마음속에 스멀스멀 교만이 파고들었다.

'아니 아직 2년이나 남았는데 놀면서 해도 되는 거 아닌가?' 하면서 자꾸만 '내 노력으로 이뤄낸 것이야!' 하는 마음이 자기도 모르게 든 것이다. 그런데 그렇게 교만한 마음을 품고 하나님을 향한 뜨거운 마음이 식은 채로 5월 모의고사를 치렀는데 국어 82점·4등급, 수학 61점·5등급, 영어 84점·4등급이라는 낮은 점수를 받았다.

한순간에 떨어진 점수를 보며 '나는 진짜 하나님 은혜 없으면 아무것도 아니구나! 내 힘으로 이 정도 한 것도 기적 같은 일이었구나!'를 기도 중에 깨달았다. 앞으로는 절대로 자만하지 말고, 학습하는 목적을 날마다 인식해가면서 학습해야겠다고 다짐하였다. 그런 마음가짐을 스스로에게 매일 상기시키기 위해 머리를 빡빡 밀었다.

빡빡 깎은 머리를 보면서 그는 한편으로는 너무 속상하고 후회가 들었지만 거울을 볼 때마다 '그래. 내가 학습하는 건 하나님을 위해서야. 교만한 마음으로 상한 것을 하나님께 드릴 수 있니? 아무것도 계산적으로 생각하지 말고 자만하지 말고 오늘도 최선의 것을 드리자' 하면서 학습 자리로 돌아갔다.

중심을 잃지 않기 위해 주위 사람들을 챙기는 것도 잊지 않으려 했고, 하나님과의 관계가 흐트러진 것 같으면 바로 예배당에 가서 기도하며 울었다. 학습하는 동안 하나님을 많이 생각하지 않은 것 같으면 예배 드릴 때 회개의 눈물이 나고 그런 과정을 계속 반복하며 하루하루 나아갔다.

그러자 6월 모의고사에서 국어 100, 수학 96, 영어 97, 탐구 50이라는 성적표를 받게 되었다. 아무리 컨디션에 따라 바뀌는 게 점수라지만 한 달 동안 등급이 총 몇십 등급씩 움직인다는 것은 상식적으로 이해하기 힘든 일이다. 그는 이것을 보며 '아 정말로 나는 하나님의 은혜로만 학습하는 사람이구나!' 하는 것을 깨닫게 되었다.

"너와 좀 더 대화하기를 원한다"

그렇게 찬욱이는 1년 일찍 수험생이라는 각오로 매일 계속 학습해 나갔다. 9월 모의고사가 얼마 남지 않던 날 몸이 갑자기 아프기 시작했다. 처음에는 그냥 감기인 줄 알았는데 열이 40도까지 오르고 약을 먹어도 나아지지 않았다. 자다가 숨이 막혀 깼는데 온몸이 너무 뜨겁고 어지러워 화장실까지 겨우 기어갔다. 옷을 입은 채로 찬물을 맞았다. 그때 잠깐 정신까지 잃었던 것 같은데 '아 진짜 이렇게 있으면 죽겠다'는 생각에 젖은 옷을 그대로 입고 택시를 타고 근처 응급실로 갔다.

너무나 아프니까 자연스럽게 하나님을 찾으며 내게 왜 이러시냐고 따지듯이 물었다. 병원에 가서도 계속 열이 안 내려가 링거를 맞으며 수건을 덮고 있었는데 또 정신이 혼미해졌다. 잠이 든 것과 안 든 것 중간쯤에 있는 기분이었다. 그때 꿈처럼 하나님의 음성이 들렸다.

'내가 너를 사용하려고 하는데 아직 너무 부족하구나. 너와 좀 더 대화하기를 원한다.'

사실 그 몇 주 전부터 기도를 하면 '성경을 읽어라, 성경을 읽어라' 하는 마음의 소리가 자꾸 들렸지만 시간이 아까웠던 그는 '수능 끝나고 많이 읽을게요' 하고 기도하는 시간도 줄여가며 학습을 했다.

그런 기억들이 촘촘하게 떠오르자 더 머리가 띵해졌다. "알겠다고 꼭 성경도 읽고, 대화도 많이 하겠다"고 다짐을 하고 기도를 했다. 그 다음 날부터 그는 체온이 정상으로 돌아가 다시 등교했다. 정신이 없었던 가운데도 아버지께서 "하나님의 사람은 하나님께서 다 인도하신다"는 말씀을 해주었다. 그는 이 모두가 하나님의 인도하심이라 믿고 성경을 읽고 기도하는 시간을 늘려갔다. 찬욱이는 그때를 떠올리며 연구자에게 얘기했다.

"지금 생각해보니 그때 그렇게 하지 않았더라면 저는 불안함에 쫓겨 학습했을 것이고, 좋은 열매도 없었을 것입니다. 그러면 이렇게 말씀도 못 드렸겠죠. 모두 하나님의 인도하심을 고백합니다."

드디어 수능시험

수능이 다가오자 다시 찬욱이의 마음속에 불안함이 생겨나기 시작했다. 말로 형언할 수 없는 불안함이 수능시험 최종 준비과정 가운데 찾아온 것이다. 모의고사를 잘 봐도 '아! 수능 때도 이렇게 봐야 하는데 시험 못 보면 어떡하지?' 모의고사를 못 봐도 '큰일 났네! 이렇게 못 했었나?' 하고 불안했다.

그가 깨달은 것은 그 불안함을 지우려고 하는 학습은 그의 실력 향상에 눈곱만큼도 도움을 주지 못했다는 사실이다. 그렇지만 하나님 안에서 예배 드리고, 은혜를 받고 기쁘게 학습하면 그 전 몇 시간 학습해도 보이지 않았던 약점들이 하나하나 보이고 보완하게 되고 실력이 계속 향상되어갔다. 그리고 찬욱이는 혼자가 아니었다. DLS 안에서 친구들과 서로 기도하고 위로하며 챙겨주고 함께하면서 수능 시험을 다 같이 준비했다. 자기만의 학습법을 아낌없이 전해주는 형과 누나, 기도로 용기를 주는 친구와 동생들, 수업에 최선을 다해주신 선생님들, 그는 이런 사람들 곁에서 학습할 수 있었다는 사실이 너무나 행복하고 감사했다.

수능이 며칠 남지 않은 어느 날, 밤기도를 하고 자려는데 눈물이 계속 쏟아졌다. 30분이 넘는 시간 동안 정말 감사하다고만 중얼거린 것 같다고 그는 고백한다. 지난 시간을 생각해보니 정말 많이 방황하고 놀던 그를 이곳까지 불러 앉혀서 학습을 시켜주신 것도 하나님이고,

그의 별것 아닌 노력에 열매를 주신 분도 하나님이고, 이렇게 행복하게 학습할 수 있도록 해주신 분도 하나님, 좋은 선생님들에게 배울 수 있는 기회를 주신 분도 하나님이라는 생각들이 머릿속을 계속 지나갔다.

'진짜 성적이 어떻게 나오든 상관없다. 이 1년이 나의 삶 속에 너무 행복한 기억으로 남을 것 같다'는 생각을 하게 되었다. '뿌린 분이 하나님이니까 거두실 분도 하나님이다'라는 과거에는 절대 가지지 못할 믿음이 그 안에 있는 것을 발견하고 '정말 헛되지 않았구나!' 하며 행복해했다. 수능 전날에는 그동안 그가 학습이나 생활에서 힘들어하는 친구들을 도와주었는데 그들이 찾아왔다. 그를 위해 온 마음을 다해 기도해주는 것을 보며 그들에게 들인 시간들 또한 하나도 아까운 것이 아니었음을 느꼈다.

수능 전날 밤, 어떤 때보다 평안하게 잠을 잤고 아침에 학교로 향하는 발걸음도 가벼웠다. 그의 실력을 믿은 것이 아니라 결과가 어떻게 나오든 꼭 감사하겠다는 마음과 그와 지금 하나님이 동행하고 계시다는 든든한 마음 덕분이었다. 수능 때만 반짝 '하나님, 저와 함께해주세요!!' 하면 너무 부끄러웠겠지만 준비하는 매 순간 항상 함께하심을 바랐기에 그날 또한 평소처럼 하나님과 함께하기를 바라는 기도를 드릴 수 있었다.

전 과목에서 3문제만 틀리다

1교시 국어영역, 그는 문제가 어렵게 느껴졌지만 시험이 끝나고 학생들이 "야! 엄청 쉬웠어" 하는 말을 듣고 마음이 흔들렸다. 이때부터 '아 한 번 더 해야 하는 건가' 하는 생각이 들기 시작했다. 2교시 수학영역은 학습 계획상 어려운 킬러문제를 버리고 96점을 목표하던 그가 별 어려움 없이 문제를 풀고 시간이 남아서 좋아하고 있었다. 그런데 점심시간에 잠을 자며 좀 쉬려고 엎드렸는데 머리에서 갑자기 계산 실수한 것을 알게 되었다. 굳이 말하자면 fx의 미분 값을 구해야 했는데 gx의 미분 값을 구하고 끝낸 것이다. 거의 거저 먹는 개념문제였는데 틀렸다는 것을 알고 나니 멘탈이 깨지는 소리가 들렸다고 한다.

평소라면 좌절했겠지만 하나님께서 1년간 하나님을 바라보는 법을 훈련시켜주셨기에 "하나님 나머지 시험도 최선을 다하겠습니다. 제가 어떤 상황이 와도 흔들리지 않게 해주세요" 하고 기도했고 그런 일이 있음에도 불구하고 그냥 차분하게 영어 문제를 풀 수가 있었다. 유독 어려워 표준점수가 높았던 윤리와 사상까지 시험을 치르고 처음 든 생각은 '아~ 못 봤다! 1년 더 해야겠다'는 생각이었다. 그는 이번 수능을 준비하면서 가장 감사했던 순간이 바로 이 순간이었다고 한다.

"결과에 상관없이 나와 함께 해주신 하나님께 감사드리는 믿음이 2년이라는 시간동안 자라왔다는 것을 제 눈으로 보게 된 것입니다. 저는 이것이 제가 거둔 성적의 열매보다 훨씬 값지고 기쁜 열매라고 생각합니다."

그는 밖에서 기다리는 엄마에게 "엄마, 나 잘 못 본 거 같아. 그런데 진짜 그런데도 기쁘고 감사하다는 생각만 들어"라고 말했다. 채점은 해야 할 것 같아서 채점을 하니 실수를 한 수학 빼고는 모두 다 좋은 성적이 나오고 전 과목에서 세 문제만을 틀렸다는 것을 알게 되었다. 그는 뛸 듯이 기뻤고 또 감사했다.

그는 심층면담을 마치면서 연구자에게 이렇게 고백했다.

"제가 한 것은 넘어지고 다시 걷고 넘어지고 다시 걷고를 반복한 것밖에 없습니다. 일으켜주신 분은 오직 하나님이요. 걸을 수 있게 힘을 주신 분도 하나님이셨습니다. 저는 수능이라는 시험을 준비하며 인생을 살아가는 법을 배우게 된 것입니다. 비록 부족하여 넘어지더라도 하나님이 일으켜주시면 다시 걸어가고 나는 그저 내가 드릴 수 있는 최선의 것을 드리면 됩니다. 그다음 하나님께서 뿌리시고 거두신다는 것을 1년이라는 시간 동안 경험한 것입니다. 그렇기에 지금도 이 열매들을 모두 하나님이 주신 것들이라고 말할 수 있어서 너무나도 감사하고 행복합니다."

찬욱이를 오랜 기간 동안 보면서, 그가 마지막에 남긴 고백을 들으니 연구자 역시 많은 배움이 있었고 도전이 되었다. 그는 대학에 들어간 후 연구자에게 글을 보냈다. 그것을 보면서 마음의 큰 위로와 힘을 얻고 눈물도 났다. 그와 동시에 질적 연구를 통해 연구자는 연구대상과의 인격적인 상호작용을 거치며 성장하고 배움을 다시금 깨달을 수 있었다.

찬욱이는 대학에 가서도 DLS에 남아 하나님의 마음을 시원하게 하는 준비된 법조인이 되고자 대학훈련생으로 훈련받기로 결단했다. 집에서 편하게 지낼 수 있음에도 불구하고 그는 하나님의 준비된 일꾼으로 더 견고하게 준비되기를 소망했다. 매일 DLS에서 새벽에 일어나 하나님께 전심으로 예배를 드리는 그의 모습을 보며 '하나님과 만남'이 인생에서 얼마나 중요한 만남인지에 대해 생각하게 되었다. 얼마 전 찬욱이는 중간고사 시험 과목 중 민법 시험에서 전체 1등을 했다고 전했다. 하나님이 그를 도와주셔서 할 수 있었다고 연신 하나님 자랑을 했다. 작년 1등 한 선배는 30개를 틀렸는데 자신은 하나님의 도움으로 여섯 개만 틀렸다고 좋아하는 그를 보면서 '하나님과 만남과 교제'의 가치와 의미가 대학생의 삶과 학습에서도 얼마나 중요한 영향을 미칠 수 있는지 확인할 수 있었다.

술과 담배에 찌든 중딩 소녀,
하나님 만나 자유를 찾다!

진주는 열일곱 살에 연구자를 처음 만났다. 고1 때부터 1년 8개월 동안 학교에서 참여관찰을 했고 여러 번의 심층면담을 하였다. 그동안 함께 현장 체험학습과 수학여행도 갔다. 진주는 자주 연구자에게 편지를 보낼 만큼 연구자를 매우 신뢰했다. 처음에는 오래된 습관이 다시 나와서 DLS에서 문제를 일으키기도 했지만 지금은 처음 입학했을 때와 몰라보게 달라져서 열심히 하나님을 위해 학습을 실천하고 있다.

고삐 풀린 망아지

진주는 어려서부터 믿음의 어머니 곁에서 성실하게 주일학교를 다니며 하나님을 믿었다. 어렸지만 성경 지식도 풍부했고 매주 교회에서 봉사하며 교회 개근상은 물론 주일학교에서 기도를 열심히 해서 기도상도 타곤 했다. 그러나 대부분의 모태신앙인이 그러하듯이 마음속에 하나님을 향한 갈망과 뜨거움은 없었다.

교회생활과 일상생활을 따로 구별하였기에 교회 안과 밖의 생활이 달랐다. 교회 다니지 않는 친구들에게 곧잘 전도도 하고 누군가 하나님에 대해 좋지 못한 말을 하면 버럭 화도 냈지만 자기가 짓는 죄에는 너그러웠다. 거짓말도 하고 부모님 지갑에서 몰래 돈을 꺼내 쓰기도 하고 친구들 사이에서 다른 친구를 뒷담화하거나 왕따를 시키거나 괴롭히기까지 했다.

하나님의 존재를 믿었지만 하나님을 별로 신경 쓰지 않았고 죄를 지어도 죄책감도 별로 느끼지 않았다. 일요일에는 교회를 갔지만 월요일부터 토요일은 내 맘대로 하나님께 죄를 지으며 살았다. 그렇게 중학생이 되었고 낯선 학교 생활에서 친구들과의 관계로 스트레스를 많이 받았다. 학습이 어려워지니까 수업도 재미없고 점점 공부 안 하는 친구들과 어울리게 되었다. 2학년 여름쯤부터 담배를 피우기 시작했다. 진주의 말에 따르면 중3 때부터 '친구에 미쳐 밖으로 돌고, 밤늦게까지 돌아다니고, 스마트폰을 손에서 놓지 못했다'고 한다.

진주는 스마트폰 사용을 절제하지 못해 주일 예배시간에도 스마트폰 게임과 스마트폰 메신저에 대부분의 시간을 사용했다. 전에는 설교 말씀을 듣는 척이라도 했지만 이제는 스마트폰에 집중하느라 누구의 눈치도 보지 않았다.

고등학생이 되면서 방황과 방탕은 더욱 심해졌다. 야간자율학습은 신청도 안 하고 부모님께는 학교에서 야간자율학습을 한다고 거짓말해서 학교 수업이 끝나는 4시부터 야간자율학습이 끝나는 10시까지 신 나게 놀았다.

"그때 당시에 저는 고삐 풀린 망아지였어요. 제 일생생활이 어땠냐면 학교 끝나는 오후 4시부터 밤 10시까지 친구들과 놀았어요. 그리고 10시에 집에 들어와서 부모님께 야자하고 왔다고 인사드리고 씻고 조금 자다가 모두가 잠든 새벽 1시에 몰래 집을 빠져나와서 아침 7시까지 쭉 친구들과 놀고 바로 7시에 등교하는 패턴이었어요. 당연히 학습은 손에서 놓았고 학교에서는 쭉 잠만 잤지요."

진주는 이런 생활이 퍽 재미가 있었고 이런 일탈이 행복이라고 생각했다. 일주일에 다섯 번 이상 술자리를 가졌고 새벽부터 아침까지 술을 마시다가 만취한 상태로 등교하는 일이 허다했다. 심지어 교회 오기 전까지 술을 마시다 주일예배를 드린 적도 많았다. 선생님, 같은 반 친구들 모두 진주를 포기하고, 멀리했지만 정작 진주는 남들이 뭐라고 하든 오로지 지금 눈앞의 즐거움과 쾌락을 좇으며 살았다.

보루째 담배를 사서 피우는 중딩 소녀

| 연구자 | 진주야! 담배를 아주 좋아하는 것 같은데 많이 피울 때는 어느 정도 피우니?

| 진주 | 저희 부모님이 맞벌이를 하셔서 집에 계시지 않을 때가 많았는데 그럴

땐 그냥 막 피웠죠.

| 연구자 | 어느 정도 피웠는데?

| 진주 | 방에서 담배를 보루째 사다 놓고 피울 정도였어요. 그때가 중학교 때인 가? 어느 날은 친구들을 잔뜩 데리고 와서 단체로 담배를 피우다가 담배연기 때문에 불이 난 줄 아시고 윗집 아주머니가 뛰어 내려오셔서 엄청 혼나기도 했 지요. 크크. 친구들과 한 번에 담배 누가 더 많이 피우나 시합을 하다가 토하고 정신을 잃을 뻔했던 적도 있고요.

진주에게 이런 일들은 사소한 일이었다. 차마 말로 할 수 없는 짓들 도 많이 했다. 가짜 주민등록증을 가지고 다니며 청소년이 들어가면 안 될 곳을 출입했고, 보지 말아야 할 것을 보고, 하지 말라고 말리는 것만 하고 다녔다. 뉴스에 나오는 비행 청소년들의 이야기가 그냥 진 주의 일상이었다.

처음에는 죄책감도 느꼈지만 점점 무뎌지고, 부모님은 진주 때문에 많이 힘들어하며 울기도 많이 했지만 그녀를 막기에는 역부족일 만큼 그녀는 너무 깊이 멀리 가 있었다. 부모님과 진주의 사이에는 점점 불 신만 쌓여 하루가 멀다 하고 싸웠다.

신실하게 교회 주일학교 교사로 봉사하다 만나서 결혼한 부모님이 가꾼 가정의 평화는 진주로 인해 산산조각이 나 깊은 한숨과 슬픔만 가득했다. 서로 무슨 말을 해도 믿지 못하게 되었고 서로 함께 있는 것 을 싫어하여 가족 간의 대화도 거의 사라지게 되었다. 부모님께서는 엇나가는 진주를 관리하고 감시하느라 진주 밑의 두 동생들에게는 많은 관심을 주지 못했다. 더구나 동생들도 진주의 좋지 않은 모습들을 보며 적지 않게 나쁜 영향을 받았다.

| 연구자 | 진주야, 너의 방황이 동생들에게 어떤 영향을 주었니? 좀 구체적으로 말해줄 수 있을까?

| 진주 | 정말 부끄러운 일인데 제 동생 정미가 초등학생일 때예요. 제가 어느 날 담배를 피우다가 문득 이런 생각이 들더라고요. '이렇게 맛있고 좋은 것을 나만 해서는 안 되지. 사랑하는 정미에게도 나눠줘야지.' 그러면서 피우고 있던 담배를 초등학생인 정미 입에 물려주었어요. 초등학생에게 어떻게 그런 짓을 했을까? 지금 생각하면 정말 말도 안 되는 일인데 아마 그때 제가 미쳤나 봐요. 언니가 이런 행동을 했으니 동생들에게 모범은커녕 해로움만 주었습니다.

불타는 금요일

진주는 집에 있으면 부모님과 매일 싸우니 밖으로만 돌았고 학교도 자주 빠졌다. 학교를 안 가니까 낮에도 같이 어울릴 수 있는 자퇴생 선배나 일 안 하는 20대 초반 사람들과 어울리게 되었다. 더 자유롭게 나쁜 죄를 많이 짓는 사람들과 어울리다 보니 진주의 비행도 최고조에 달했고 어릴 적 품었던 꿈과 비전은 깡그리 잊어버렸다.

어릴 적 사랑 많고 밝던 모습은 이미 없었다. 그냥 이대로 이렇게 평생 즐겁고 재미있게 놀면서 지냈으면 참 좋겠다고 바랐다. 부모님은 그런 진주를 변화시키기 위해 때려도 보고, 욕도 해보고, 타일러도 보고, 울며 사정도 해보고 아예 내버려두기도 하는 등 모든 방법을 동원했지만 진주는 그 당시 어떤 훈계도 권면도 귀에 들어오지 않았다. 그저 자신과 친구들을 자유로부터 억압하고 구속하려는 지독한 잔소리로만 들릴 뿐이었다.

| 진주 | 저는 오히려 그럴수록 더 머리를 써서 거짓말과 핑계로 나갈 구실을 찾으며 부모님의 포위망을 피해 도망 다녔어요. 서로 상처만 받고, 문제는 해결의 실마리가 보이지 않고……. 그러던 어느 금요일 저녁, 엄마한테 철야예배를 드리러 간다고 하고 밖으로 나왔어요. 물론 집에서 탈출하기 위해 머리를 써서 짜낸 구실이었죠. 그런데 그날따라 비가 너무 많이 와서 밖에서 놀 수가 없는 거예요. 다른 날 같았으면 자취하는 친구들 집을 찾아가거나 돈 많은 친구들에게 연락해서 놀 데를 찾았을 텐데 왠지 그날은 진짜 철야예배를 드리러 가고 싶어졌어요.

| 연구자 | 항상 금요일은 불타는 금요일로 보냈는데 왜 그날은 철야예배에 가고 싶은 마음이 들었니? 철야기도회는 아주 믿음이 좋은 아이들만 가고 보통 학생들은 잘 안 가잖아.

| 진주 | 세상에 빠져 허우적대는 가운데서도 의식 속에 하나님이 계심을 믿어

의심치 않고 있었기 때문에 '이런 날이라도 하나님께 잘 보여놔야지' 하는 얄팍한 생각이 들었어요. 그래서 마음을 다잡고 교회에 가서 설교말씀도 집중해서 듣고 찬양도 열심히 따라 불렀어요. 그런데 찬양을 부르는 도중에 갑자기 눈물이 나오는 거예요. 마음에 어떤 감동이나 슬픔을 느낀 것도 아닌데 그냥 가슴이 막 벅차오르더라고요. 너무 순식간에 일어난 일이라 저도 눈물을 줄줄 흘리면서도 그 이유를 도무지 몰랐어요. 기도시간이었는데 고개를 들어 예배당을 둘러보니 기도의 분위기와 예배자들의 열기가 정말 뜨겁고 간절했어요. 뒤에서 찬양을 인도하는 찬양 인도자의 얼굴 표정엔 말로 표현할 수 없이 감사와 평안이 느껴졌고요. 그 사람들 마음 깊은 곳의 감사와 평안이 넘쳐 뿜어져 나오는 느낌이었지요.

그렇게 간절하게 온 마음 다해 기도하는 사람들을 둘러보다 저는 순간 엄청난 회의감과 죄책감에 휩싸여 크게 당황했어요. 매주 금요일 저녁, 저는 타락과 쾌락에 빠져 지내고 있는데, 이 자리에 온 사람들은 하나님께 예배를 드리며 성령으로 금요일을 불태우고 있었다는 생각이 들자 갑자기 쇼크에 빠졌어요. 왠지 내가 소중한 무엇인가를 놓치고 있는 것 같은 느낌도 들었지요. '이 사람들은 이곳에서 매주 이렇게 기도하고 예배드리며 마음속에 참된 평안과 기쁨을 채우고 꿈과 희망을 회복하며 무너진 삶을 치유해나가는데 나는 그동안 얼마나 부질없고 덧없는 행동을 하며 살았는가?' 하는 생각과 함께 저도 그들과 더불어 그들처럼 뜨겁게 기도하고 싶다는 마음이 들었어요. 탁하고 역겨운 담배냄새 대신에, 이렇게 간절한 마음으로 기도의 열기를 내뿜고 싶고 제가 지금까지 좋던 싸구려 저질의 즐거움이 아닌 신성하고 깨끗한 행복을 맛보고 싶었어요. 그 사람들이 경험하는 하나님을 경험하고 싶고 하나님의 은혜에 그냥 파묻혀 버리고 싶었어요. 그런 생각 속에서 저는 하나님을 만나게 되었다고 확신할 수 있어요. 길지 않은 시간이었지만 저는 그때의 감격을, 그날의 감동을 2년이 지난 지금도 잊을 수가 없어요.

금요일의 특별한 만남

진주는 특별한 '하나님과 만남'을 경험했다. 하나님께서 진주의 고통과 회한의 눈물을 닦아주시고 얼른 이리로 돌아오라고 손짓하시는 것을 느꼈다고 한다. 하나님을 향해 스스로 닫았던 마음의 문을 열자 그 순간까지 이날을 기다리며 진주의 마음 문 앞에서 발을 동동 구르시던 하나님께서 단숨에 들어와 자신을 감싸 안아주신 그런 기분이었다는 것. 진주는 자신도 모르게 교회 바닥에 무릎을 꿇고 울고 있는 자신을 발견했다. 그날 진주는 하나님의 은혜를 깊이 체험했다.

그러나 예배가 끝나고 눈물이 얼룩진 얼굴로 교회 문을 열고 나오니 세상은 달라진 것들이 하나도 없었다. 핸드폰을 켜자 친구들로부터 '불금'(불타는 금요일)을 달리자'는 문자가 쌓여 있었고 계속 울려댔다. 진주는 아직은 은혜의 감동이 가시지 않아 그날 핸드폰을 외면하고 친구들을 만나러 나가지 않았다.

침대에 누워도 눈을 감으면 자꾸 그 예배당 풍경과 예배자들의 표정과 몸짓이 떠올랐고 진주가 눈물 흘리며 불렀던 찬양의 구절이 생각났다. 그때 진주는 진짜 행복이 무엇이고 모든 것을 포기하면서까지 놓지 못할 만큼 가치 있는 것이 무엇인지 깨닫게 되었다. 그동안 자신이 행복이라고 느꼈었던 세상의 쾌락에서는 경험해보지 못했던 참 기쁨과 평안을 경험했다. 진주는 자신을 만나주신 하나님께 감사했다. 그동안 저지른 죄악들이 너무 죄송했다. 진주의 모든 나쁜 행동을 다 아시고 계시면서도 진주에게 빨리 돌아오라고 말씀하시던 하나님께 너무 죄송한 마음이 들어 '이제는 그렇게 살지 않아야지'라고 다짐도 했다. 진주는 자신도 그 예배자들 중 한 사람이 되어 하나님께 진심을 다해 예배드리는 날이 오게 해달라고 하나님께 기도하며 잠이 들었다.

하나님을 만나기 위한 노력

'변화된 삶을 살고 싶다'

다음 날부터 진주는 일상으로 돌아갔다. 그녀는 변화되어 착실하고 바르게 살려고 했지만 세상이 도와주지 않았다. 며칠이 지나도 부모님은 평소처럼 진주를 의심하며 감시했고, 학교에서 같은 반 친구들은 두려워하고 멀리하는 시선과 수군거림을 거두지 않았다. 진주의 친한 친구들은 전부터 같이 어울려 방황하던 아이들이 전부였다. 친구들은 평소처럼 모이기만 하면 해서는 안 될 일들을 꾸미고 지냈다. 그러나 진주는 그 전과는 달라져 있었다. '하나님과 만남'에서 경험한 행복과 평안과 기쁨을 누린 뒤 세상의 즐거움들이 별로 재미가 없어졌다.

친구들과 어울릴 때마다 마음속에 뭔가가 자꾸 걸렸다. 자꾸 나쁜 짓을 하게 되면 철야예배 때 봤던 그 사람들처럼 될 수 없을 거라는 불안감이 들었다. 그래도 습관이 되어버린 담배를 끊기가 어려웠고, 술자리에서도 친구들의 등쌀에 떠밀려 술을 마시지 않을 수가 없었다.

진주를 제외한 친구들은 모두 다 평소와 같았다. 내일이 없는 것처럼 신 나게 놀고 즐기며 살았다. 진주는 이곳에서 벗어나 변화된 삶을 살고 싶었다. 지금 같은 환경에서는 절대로 바뀔 수 없을 것만 같았다. 매일 조금씩 타협하며 슬금슬금 세상을 가까이하게 되면 어느새 하나님과 상관이 없던 옛날로 다시 돌아갈 것만 같았다. 그래서 혼자 고민 끝에 부모님께 DLS에 입학하고 싶다고 말씀을 드렸다.

| 연구자 | DLS가 정말 힘든 학교인데 어떻게 입학하려는 마음이 들었어?

| 진주 | 제가 10월에 입학했는데 그해 5월에 부모님께서 먼저 DLS에 들어가라고 말씀하신 적이 있었어요. 그런데 제가 학교 홈페이지에서 시간표를 보고 '미쳤다고 거길 가나? 나는 지금이 좋고 즐겁고 너무 행복한데 거길 왜 가?' 생각하면서 절대로 가지 않겠다고 버텼어요. 지금 생각해보면 '난 싸구려 불량식품이 너무 맛있고 좋은데 뭣 하러 건강식을 먹어?' 이런 멍청한 논리였죠. 이제는 뭐가 좋은 것인지, 뭐가 진짜인지 알게 되고, 구별할 수 있게 되어서 너무 감사하죠. 아무튼 제 삶을 180도 바꾸고 싶어서 우선 주변 환경을 바꾸어 열심

히 경건히 한번 살아보자는 마음이 들어서 DLS에 지원했어요.

진주는 꿈도 미래도 없는 이런 생활들에서 벗어나 그날 만났었던 하나님을 한 번만이라도 더 만나고 싶었고 포기했던 꿈들을 되찾고 싶었다. 답 없는 방황생활을 하기 이전으로 돌아가 다시 새롭게 출발하고 싶었다. 그러나 현실에서는 그것을 해내는 것이 혼자 힘으로는 역부족이었다. 이런 환경과 생활 속에서는 절대 친구들이나 죄를 끊고 나올 수 없을 거라 생각했다. 그래서 강제로라도 바꾸기 위해 DLS에 입학했고, 부모님께서도 어떤 노력도 통하지 않던 진주를 그저 하나님께 맡기겠다고 결정하여 흔쾌히 믿고 도와주었다.

하나님과 만남

마음의 문을 열기만 하면

DLS에 입학한 진주는 매일 새벽예배를 통해 말씀으로 하루를 시작했다. 점심과 저녁 두 번의 찬양예배로 구원의 감격을 다시 상기했다. 밖에서는 식사기도도 하지 않았지만 이곳에서는 따로 마련된 기도시간에 진심을 다해 기도를 하며 큰 은혜를 받았다. 그냥 학교의 커리큘럼을 따라 생활했을 뿐인데 생각했던 것 이상으로 변화된 날들을 보내게 되었다.

| 연구자 | 정말 하나님이 있다고 생각하니?

| 진주 | 네. 정말 있다고 생각해요. 확실히!

| 연구자 | 인간이 과연 하나님을 만날 수 있니? 어떻게 하면 만날 수 있니?

| 진주 | 제 경험을 보면 하나님은 우리를 너무 사랑하시기 때문에 오히려 하나님이 우리를 더 만나고 싶어 하세요. 제가 신앙생활이 소홀해질 때는 기도를 예전보다 덜 열심히 하거나 말씀을 읽는 것을 미루다 하나님과의 관계가 멀어져요. 그러면 하나님께서 기도하라고 마음을 움직여주시고, 다시 기도하면서 교제를 해요. 주변 사람들도 저에게 "하나님이 너를 정말 사랑하신다. 그리고 기도하라"는 권면의 말을 해주지요. 그럴 때 하나님이 나를 정말 사랑하시는 것을 느끼게 돼요.

| 연구자 | 어떻게 하면 하나님을 만날 수 있어?

| 진주 | 하나님은 이미 마음 문 밖에 와 계시니 우리가 마음의 문을 열기만 하면 돼요. 우리가 먼저 하나님에게 마음 문을 열고 하나님을 받아들일 준비를 하면 만날 수 있어요.

| 연구자 | 하나님 만난 뒤로 네가 예전에는 없던 성품이 생긴 게 있니?

| 진주 | 정말 수많은 것이 있지만 첫째는 사랑이 아닐까 생각해요. 저는 정말 이기적이어서 다른 사람에게 관심이 없었어요. 그런데 하나님과 교제하면서 하나님의 사랑이 들어왔고 하나님이 보살피길 원하는 사람들에게 저도 관심을 갖게 되고 사랑하게 되었어요. 누가 알아주지 않아도 자발적으로 섬기려는 마음이 생겼다는 것이 신기해요.

| 연구자 | 그것이 예전에는 갖지 못했던 성품이니?

| 진주 | 네.

| 연구자 | 그러면 인간 쪽에서 하나님을 만날 수 있는 방법은?

| 진주 | 그냥 하나님께 내 마음 문을 열고 열심히 찾으면 돼요. 찬양을 진심으로 하다 보면 마음 문이 열리게 되고, 성경 말씀을 들으며 받아들이고, 스스로 말씀을 보고, 무엇보다도 하나님과 기도로 교제하면 하나님을 만날 수 있어요. 기도만 해서는 안 되고 말씀을 꼭 병행해야 해요.

의미 있는 삶을 살고 싶은 욕구가 생기다

진주는 매일 기도시간과 예배시간을 통해 하나님이 살아계심을 깊이 경험하고 하나님과 인격적인 교제를 정기적으로 지속하면서 '하나님의 존재'에 대해 확신을 가지게 되었다. 시간이 지나면서 그 확신은 그의 성격 또한 변화시켰다.

하나님과의 단절을 부추기던 세상 친구들과는 달리 DLS 친구들은 신입생이자 믿음이 없는 그녀가 하나님과 올바른 만남을 통해 하나님을 깊이 경험할 수 있도록 기도해주고 도와주었다. 그들은 진주의 믿음이 잘 성장할 수 있도록 진주에게 안 좋은 영향을 미치는 것들을 차단해주고, 좋은 모습과 좋은 얘기로 진주가 올바른 신앙관을 가질 수 있도록 도와주었다.

세상 친구들과는 항상 노는 것, 남자친구, 외모 등 신앙과 관련 없는 이야기들을 하곤 했지만 여기서는 친구들끼리 모여서 각자 하나님과 만나고, 하나님께 은혜받고, 삶 속에서 하나님의 기적을 체험하고, 모든 것에 감사하는 등 경건한 축복의 이야기들을 주로 했다. 매일 보고 듣는 것이 이렇다 보니, 이전에 방황할 때에 세상과 가까워질수록 하나님과 점점 멀어졌듯이 진주가 하나님을 알게 될수록 세상을 점점 잊게 되었다.

진주는 하나님을 인격적으로 만나 교제하면서 왜 살며, 왜 학습하며, 또 하나님께서 진주에게 맡기신 사명이 무엇인지를 깨닫게 되었다. '하나님과 만남'을 통해 정체성을 확립하게 되었고 의미 있는 삶을 살고 싶은 욕구가 생겼다. 하루에 4~5시간 간격으로 예배를 드리며 자칫 둔감해질 수 있는 영적인 칼날을 날카롭게 갈았고 매일 매 시간 새로운 은혜를 체험하며 엄청난 기쁨과 은혜를 누렸다.

변화와 결실

못된 옛 습관들을 끊어내다

찬양과 기도, 예배를 드리며 얻게 된 끝없는 만족감과 평안함은 진주에게 진정한 삶의 존재와 의미를 알게 해주었고 삶의 원동력이 되었다. 그렇게 좋아해 끊지 못했던 세상 습관들도 생각이 나지 않았고 신기하게도 술과 담배를 끊게 되었다.

| 연구자 | 진주야, 그렇게 좋아하던 담배와 술은 어떻게 끊을 수 있었니?

| 진주 | 끊었다기보다는, 진짜 마음을 다해 하고 싶은 것을 하다 보니 안 하게 되더라고요. 그렇지만 처음에는 끊기가 무척 어려웠어요. 2년간 피워오던 담배를 하루아침에 딱 끊을 수는 없었지만 계속 기도했어요. 담배를 끊게 해달라는 기도 대신에 하나님을 만나게 해달라고 기도를 했어요. 하나님의 은혜 속에 파묻히게 해달라고 말이에요. 그러자 하나님께서 진짜 저를 만나주셨고, 하나님의 방식으로 저를 변화시켜주셨어요. 기도시간에, 예배시간에 그리고 이제는 삶의 어느 자리에서든 하나님의 임재하심과 동행하심을 느끼게 되었어요. 그 후 매번 '이제부터는 담배를 안 피워야지' 다짐을 했지만 다짐만큼 쉽지는 않더라고요. 밥 먹고 생각나고, 자기 전에 생각나고, 비 올 때 생각나고 담배를 참다 보니 손도 덜덜 떨렸어요.

| 연구자 | 장난 아니구나, 금단현상까지!

| 진주 | 애꿎은 샤프 뒤꽁무니를 물어뜯고 괜히 허공에 담배 피우는 시늉도 내 보고 하다가 결국은 못 참고 몰래 나가서 피웠어요. 그리고 예배시간에 기도를 하는데 진짜 작정하고 결단하라고 하나님께서 제게 말씀하시는 것이 강하게 느껴졌어요. 그제야 저도 진짜 마음을 굳게 먹고 완전히 끊기로 했죠. 하나님께 계속 도와달라고 붙잡아달라고 내 힘으로는 힘들다고 기도했어요. 그리고 예배가 끝난 후에, 단호하고 비장한 마음으로 쓰레기통에 담배를 한 개비 한 개비 부러뜨려서 버렸어요.

담배를 피우지 않으면 손이 떨릴 정도로 니코틴 중독이었던 진주는

하나님의 사랑을 깊이 깨닫고 술과 담배를 끊게 되었다. 하나님을 인격적으로 만나 하나님의 사랑을 경험하면서 진주는 마음속에 있었던 공허감들이 사라지고 하나님이 주는 평안과 기쁨이 채워지는 것을 느꼈다.

진주는 그동안 청소년 시절을 온통 노는 것에 집중하여 시간을 흘려보냈다. '어떻게 하면 더 재밌고 더 자극적으로 놀 수 있을까?' 이런 생각들이 진주의 마음속에 가득했다. 하나님을 인격적으로 교제한 후부터 진주는 이런 생각보다 '다시 인생을 의미 있게 살고 싶다'는 생각이 많아졌다. 그동안 노는 것에 집중하느라 손을 놓았던 학습도 다시 시작하게 되었다.

하나님을 인격적으로 만난 후 진주는 마음속에 비전이 생겼다. 진주는 하나님의 자녀로서 더 이상 시간 낭비하지 않고 이제부터라도 하나님이 준 비전을 이루고 하나님을 기쁘게 하는 준비된 일꾼이 되고자 결단하고 제대로 학습하기 시작했다.

| 연구자 | 학습하는데 자기를 위해서 해야지 왜 하나님을 위해서 하니?

| 진주 | 사실 저를 위해 학습해야 할 필요가 없어요. 저를 위해서라면 학습은 안 하고 즐겁게 놀 거예요.

| 연구자 | 놀지 않고 학습하는 이유는?

| 진주 | 하나님 앞에 준비되기 위해서예요.

| 연구자 | 하나님을 위해 학습하면 너무 공허하지 않니? 하나님이 눈에도 안

보이는데…….

| 진주 | 전혀 공허하지 않고 오히려 하루가 더 보람차고 감사해요.

| 연구자 | 왜?

| 진주 | 오늘 하루도 온전히 주님께 바쳐드렸구나. 오늘도 승리했구나. 그런 만족감과 뿌듯함이 있어요.

| 연구자 | 하나님을 위해 학습하면 뭐가 좋니? 나를 위해 학습해야 좋지. 더 잘 먹고 잘 살기 위해서라면 학습할 맛이 나지? 힘들어도 다 나 좋으라고 해야지 힘든 것도 참고 하지. 그렇지 않니?

| 진주 | 오히려 하나님을 위해서 학습하는 것이 하나님께 받은 사랑을 보답하는 수단이 될 수 있어서 하나님을 위해서 학습해요. 정말 하나님이 계시거든요. 하늘나라 상을 받기 때문에 그 상 때문에 그리고 사명을 위해서 학습해요.

회복과 결실

정말 온 마음으로 뜨겁게

이제 진주는 친구들과도 만나게 되면 예수님을 말하면서 교회에 다니라고 권한다. 그럴 때마다 진주의 옛날 모습만 봐오던 친구들은 어이없어하며 비웃고 미쳤느냐는 비난도 하지만 그래도 진주는 꿋꿋하게 전도하는데 그렇다고 속상하거나 슬퍼하지 않는다. 한 달에 한 번 집에 갈 때는 꼭 주변에 안 믿는 친구들을 한 명씩 교회에 데려온다.

그러면 그 친구는 옆에서 자고, 진주는 친구의 손을 잡고 기도하고, 친구 이름으로 헌금을 낸다. 그 친구보다 더 추한 죄를 많이 지었던 진주도 이렇게 변화시켜주시고 만나주셨는데 진주보다 더 크게 변화되어 하나님께 더 큰 영광을 돌릴 친구를 기대하며 기도한다.

진주에게는 일탈과 방황으로 이어지던 과거가 있었다. 그러나 그런 상황에서 하나님은 진주를 끌어올려 일으켜 세워주셨기에 진주는 하나님에게 더 깊은 감사와 큰 사랑을 드리게 되었다. 이제는 부모님과도 사랑과 믿음을 바탕으로 화평한 관계를 회복하였다. 진주는 이제부터 자신은 죽고 하나님만 나타나는 그런 삶을 살기로 마음먹었다. 하나님께서 그녀에게 경험하게 해주신 그 큰 사랑이 진주를 변화시켰고 여기까지 오게 했으니 이제는 이 사랑을 세상에 전하며 생명 바쳐 주님을 사랑하는 것으로 보답할 것이란다.

진주는 하나님을 그렇게 뜨겁게 만나게 된 것은 자기 안에 하나님을 만나고자 하는 뜨거운 마음이 있었기에 가능했다고 말한다. 그녀는 DLS 설교시간에 "하나님은 자기를 온 마음으로 찾는 자들을 만나주신다. 온 마음이 아니면 하나님을 만날 수 없다"는 말을 들었다. 그때 진주는 그 말에 전적으로 공감하여 하나님을 정말 온 마음으로 뜨겁게 갈망했다. 그래서 그렇게 빠른 시간에 더 큰 은혜를 받을 수 있었다고 생각한다. 물론 진주가 그간 지었던 죄악이 다른 사람들의 죄보다 훨씬 많고 정도가 심해서 회개할 거리도 많고 더 회개가 절실했던 것도 있다. 그 철야예배 때 진주가 마음을 열자 하나님께서 순식간에 만나주셨듯이 하나님께서는 진주가 하나님을 만나고 싶어 하는 것보다 더욱 진주를 만나고 싶어 하는 분이심을 느꼈다고 한다. 아래 글은 진주가 DLS에 들어와서 첫 번째 맞이한 토요일에 하나님께서 주시는 은혜에 감동되어 하나님께 쓴 편지의 원문이다.

"저 누군지 아시죠?"

하나님 안녕하세요. 저 누군지 아시죠? 주님의 소중한 자녀 진주예요. 오늘 정말 제 생애 처음으로 아버지께 편지를 써보는 것 같아 죄송스럽기도 하고 많이 떨리기도 하네요. 하나님 우선은 제가 이곳 DLS에 입학하게 해주신 것 진심으로 감사드려요. 붙으면 좋고 안 붙어도 그만이라는 생각으로 지원하고, 기도도 열심히 안 하고 새벽예배도 안 드리고, 준비기간 동안 죄를 몇천 가지는 더 저지르고……. 어제 김동환 선생님께서 제 나태한 모습을 보시고 하나님께 거짓말을 한 것이라고 꾸짖으셨을 때는 정말 정신이 번쩍 났어요. 주님, 이제부터 정말 노력 많이 하고 기도로 준비하겠습니다. 하나님, 그런데요 저 혼자 힘으로는 힘들 것 같아요. 하나님, 도와주세요. 제 마음, 두뇌, 손, 눈과 엉덩이를 주관하여 주세요. 그리하면 제가 정말 주님을 위해, 주님의 영광을 위해 목숨 바쳐 학습할 수 있습니다. 저와 동행하여 주시고, 자만하고 교만해지지 않고, 오직 기도와 간구로 마음을 관리할 수 있도록 도와주세요. 제가 점수가 잘 나오는 것, 머리가 좋은 것 모두 주님의 은총이자 너무나도 감사하고 넘치는 선물입니다. 하나님, 영광 받아주세요. 하루가 멀다 하고 술이나 마셔대고 담배를 피우며 중심을 잃고 방탕하게 살았던 저를 쓰시고자 이곳으로 인도하신 것 감사합니다. 제가 기도를 시작하고는 세상이 생각나지 않았습니다. 담배를 피우고픈 욕구가 줄었습니다. 오직 성령님께서 제 부족함을 채워주셨고, 제 영혼을 새롭게 하셨습니다. 감사합니다. 참, 오늘 본 모의고사에서 고득점 나오게 해주셔서 눈물로 감사드립니다. 주님께서 제게 주신 달란트를 가볍게 여기고 그동안 썩혀두었던 점 정말 죄송합니다. 이제부터는 주님께서 제게 주신 달란트 꼭 열심히 갈고닦아 주님 나라에 영광이 될 수 있도록 맡은 바 사명을 다해 열심히 노력하겠습니다. 저 방금 저녁예배를 드리고 왔어요. 주님, 제 기도를 들으셨죠? 제 모든 것 아시는 주님, 편지로 쓰려면 하늘을 종이 삼고 바다를 먹물 삼아 써도 모자랍니다. 하나님, 앞으로는 제가 더욱 기도에 힘쓸 수 있도록 도움 주시고 제 눈물을 닦아주세요. 하나님 제 모든 것에 너무 감사드립니다. 정말 정말 사랑합니다. 진심으로 사랑합니다. 제 찬양을 받아주세요.

토요일에 진주가

이 편지는 긴 방황과 일탈을 마친 고등학교 1학년 여학생의 하나님을 향한 순수한 사랑과 감사를 잘 보여준다. 진주는 가끔씩 하나님을 향한 뜨거웠던 사랑이 조금씩 시들어지는 것을 느낄 때, 이 편지를 다시 꺼내 읽으며 그때 당시의 순수하고 진실했던 첫사랑을 회복하고자 노력한다고 말한다. 이전의 방황하던 시기를 다시 회상하고 하나님께서 그녀에게 베푸신 은혜가 얼마나 크고 위대한 것인지를 다시 한번 느끼고 감사하게 된다. 나중에 진주가 자서전을 쓸 때 꼭 쓰고 싶은 말이 있다고 한다.

"영원한 것을 위하여 영원하지 못한 것을 버리는 사람은 결코 바보가 아니다."

이것은 진주 인생의 좌우명이 된 글귀이다. 가끔 옛날 생각이 다시 떠오르고, 슬금슬금 세상에 발을 들여놓으려 할 때마다, 이 글귀를 떠올리면 다시 마음을 추스르고 바로 설 수 있는 힘이 생긴다고 한다. 진주는 하나님과의 강권적이고 뜨거웠던 첫 만남을 잊지 않고 이 모든 것이 하나님의 은혜임을 잊지 않고자 매일 새벽을 깨워 하나님께 예배드리며 '하나님과 만남'을 지속하면서 수험생활을 보내고 있다.

절대 하나님은 없다던 목회자의 딸,
엄마의 마지막 소원으로 하나님을 만나다

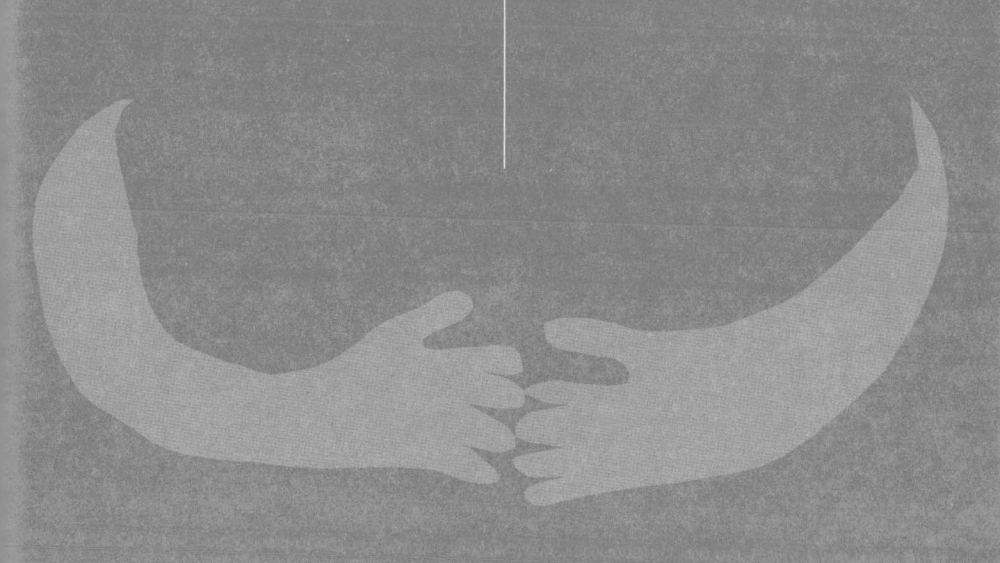

올해 고3 수험생인 윤주는 DLS에 재학 중이다. 목사의 딸로 태어났지만 그 사실을 늘 숨기려 했고 부정했다. 그녀는 하나님이라는 이름을 부르기조차 싫어했을 뿐 아니라 하나님은 없다고 생각했다. 목사인 아버지에게도 서슴지 않고 기독교 비판을 할 정도로 기독교를 싫어했다. 평소 생활에서도 많이 방황했다. 중·고교 시절 보통 밤새 친구들과 놀고 새벽에 들어와 자고 오후 1시에 학교에 갔다. 그런 윤주가 하나님을 만난 후 많은 삶의 변화를 경험했다. 그녀는 현재 1년 10개월 동안 '하나님과 만남'을 지속하며 새로운 인생을 살고 있다.

할아버지를 잃고 우울감에 빠지다

윤주는 목회자였던 아버지와 회사원인 어머니 사이에서 태어났다. 윤주도 기억하지 못하는 어린 시절에 윤주는 벌써 세례를 받았고 새벽예배를 제외한 매 예배 때마다 부모님과 함께 교회에 갔다. 어려서 하나님도 모르고 찬송이 뭐고 기도가 뭔지 몰라도 자주 가다 보니 윤주에겐 교회는 익숙한 공간이었다. 어릴 적 윤주는 교회생활을 잘하는 아이였고, 아버지가 부목사로 있던 교회에서 지금의 교회로 개척하려 이사를 가고 나서도 한동안은 잘 지냈다.

윤주 아버지는 개척교회 목회자로 하나님 앞에서 최선을 다해 사역했다. 윤주 말에 의하면 '너무 열심히 하셨다'고 한다.

| 연구자 | 윤주야, 아빠가 사역을 진짜 열심히 하셨다고 했는데 구체적으로 말해줄래?

| 윤주 | 아빠 얼굴 보기가 어려웠어요. 새벽예배 시간보다 훨씬 일찍 나가서 다른 지역 사는 교인들을 태워 오려고 멀리까지 차량 운전을 하셨어요. 그때부터 교회에서 하루 종일 사역하고 밤이 늦도록 교회 성도들과 교회 일로 바쁘게 지내셨어요. 제가 자는 새벽에 나가셔서 제가 잠드는 밤늦게야 들어오셨지요. 그래서 초등학교 때 아빠 얼굴 보기가 어려웠어요. 한마디로 교인들에게는 최고의 목사님이었지만 집에서는 좋은 가장이 아니었어요.

| 연구자 | 윤주야! 어머니가 아버지 대신 너를 잘 돌보시지 않았니?

| 윤주 | 아니요. 그럴 상황이 아니었어요. 엄마는 밤낮없이 회사에서 열심히 일하셨어요. 사실 너무 힘드셔서 몇 번이나 그만두고 싶어 하셨는데 개척교회 목사가 받는 월급으로는 당시 할아버지, 할머니까지 대가족이 살기에 턱없이 부족했어요. 만약 엄마가 일하지 않았다면 우리는 길거리에 나앉았을 거예요. 퇴

근해서 집에 들어오시면 너무 늦어 아빠와 마찬가지로 엄마 얼굴을 못 보는 날이 더 많았어요.

윤주 남매는 거의 할머니 손에서 컸다. 윤주와 할머니, 할아버지의 생활방식은 서로 많이 달랐고 윤주는 할아버지와 빈번하게 갈등을 겪어야했다. 할아버지는 무뚝뚝하고 감정표현이 서툰 데다 말투까지 퉁명스러웠다. 윤주는 기가 센 아이였는데 할아버지와 마찰이 많아 할아버지에게 맞기도 많이 맞았다. 윤주는 그 당시 '만약에 할아버지가 죽어도 슬퍼하지 않을 거야'라고 했던 말이 지금도 기억이 난다고 했다.

가끔 보는 아빠와 윤주의 관계도 좋지 않았다. 아빠는 대화보다는 매를 드는 편이었고 딸에 대한 이해가 너무 부족했다. 아빠는 성도들과의 대화와 소통은 가능해 보였지만 딸을 이해하는 데는 너무 서툴렀고 윤주는 그런 아빠를 보며 자신을 이해할 마음이 없다고 여겼다. 엄마는 그래도 윤주를 많이 챙겨주셨지만 회사에서 받는 스트레스가 매우 커서 윤주에게 영향을 미쳤고, 윤주가 받은 스트레스는 다시 윤주 동생에게 흘러갔다. 윤주 남동생은 집에서 윤주 때문에 늘 기죽어 살아야 했다.

윤주는 어릴 적부터 눈치가 빨라서 말도 빨리 뗐고, 매우 활동적이라 따르는 친구들도 많아 동네 골목대장처럼 지냈다. 학교에서도 키도 크고 말도 잘하고 친구 관계도 좋아 자주 반장에 뽑혔다. 공부도 제법 잘했는데 초등학교 고학년이 되면서 주변에 나름 좀 논다는 친구들이 모였다. 친구들의 권유로 담배를 집어 든 적도 있었으나 유초등부 시절 아버지 설교시간에 술 담배 하지 않기로 했던 맹세가 생각나서 손에 쥔 담배에 불을 붙일 수가 없었다.

윤주가 초등학교 시절 할아버지가 간암으로 돌아가신 것이 윤주에게는 매우 큰 충격이었다. 윤주와 늘 소리 지르고 싸워대던 할아버지였지만 암에 걸려 방에서 산소 호흡기를 달고 계신 할아버지께 사랑한다고 말하고 싶었다. 그렇지만 도저히 입이 떨어지지 않았고 윤주 할아버지는 윤주가 친구 생일 파티에 가 있는 동안 방에서 조용히 숨을 거두셨다. 윤주는 자신이 어릴 적 할아버지가 돌아가셔도 슬퍼하지 않을 거라고 했던 말과는 달리 장례 3일간 많이 울었고 깊은 절망과 괴로움에 빠져들었다. 늘 잘 웃고 활발하다고 초등학교 생활 기록부에 단골처럼 쓰여 있었지만 윤주는 점점 웃음과 함께 살고 싶은 의욕을 잃어갔다. 점차 친구들과 밤늦게 혹은 새벽까지 어울려 노는 날이 늘어났다.

하나님을 부정하다

그렇게 초등학교 시절을 보낸 윤주는 중학교에 올라가 학교에서 심리검사를 받게 되었다. 그런데 우울 정도가 매우 높아서 전문가와 상담해야 할 정도였다. 어머니는 그 소식을 듣고 나서부터 딸이 위태로워 보였는지 더 신경 쓰고 잘해주려 했다. 그러나 윤주는 너무 오랜 기간 부모님의 손길이 부족한 채로 자랐기에 누군가와 일정 관계 이상 가까이 친해지는 것에 대해 매우 부담스럽고 어려워했다. 그 누군가에는 부모님도 포함되었다.

결국 어머니는 다니던 회사에서 나름대로 자리를 잡았었지만 딸을 위해 회사를 그만두었다. 그리고 윤주를 데리고 기독교 상담심리센터를 찾아갔다. 상담의 효과인지 부모님이 윤주에게 더 많은 관심을 보여준 노력 덕분인지 시간이 흐르자 조금씩 회복됐고 방황도 줄어들기 시작했다.

중학교 3학년 겨울방학 때 중고등부 수련회를 가던 길이었다. 한 집사님의 차를 얻어 타고 갔는데 그 집사님이 윤주에게 물었다.

"윤주야, 넌 교회에 왜 나오니? 솔직히 믿는 거 아니면 나오는 거 시간 아깝지 않냐? 그 시간에 다른 거 하는 게 더 가치 있을 수 있어. 잘 생각해봐."

그 말에 윤주는 공감하면서 미묘하게 화가 났다. 지금 생각해보면 그 집사님은 윤주에게 상처 주려 한 것이 아니라 본인의 가치관을 이야기한 것이었지만 윤주는 그동안 자신이 교인들의 화풀이 대상으로 취급되는 것에 진저리가 쳐졌다. 그때 생겨난 화와 불만이 그동안 목사의 딸로 받았던 많은 상처와 맞물려 교회와 하나님을 부정하게 만들었고 윤주는 그때부터 교회 가기를 거부했다.

그때부터 윤주는 등교하는 것에도 흥미를 잃기 시작했다. 학교 밖이 훨씬 재미있었다. 무단결석이 늘면서 부모님과 본격적으로 다투기 시작했고 학교에 간다고 하고 교복을 입은 채로 시외까지 나가 떠돌기도 했다.

| 연구자 | 윤주야, 학교 안 가고 밖에 돌아다녀 보니 어땠니?

| 윤주 | 처음에는 좀 무섭기도 했는데 점점 재밌어지더라고요. 나중에는 혼자 있어도 외롭지 않고 처음 가보는 동네 구경도 하고, 이런저런 사람 만나는 것도 나쁘지 않았어요. 그냥 학교와 집이 너무 답답했거든요. 밖에 있는 것만으로도 좋았어요.

| 연구자 | 그렇게 무단결석을 계속하면 중학교 졸업이 어렵지 않니?

| 윤주 | 중학교 졸업은 꼭 하려고 제가 나름 잔머리를 썼죠. 졸업 출석일수 계산하면서 밖에서 놀았거든요. 어차피 중학교 성적이야 대학 가는 데 반영되는 것도 아니니 출석일수만 맞추고 나머지는 그냥 막 지냈어요. 물론 학교 갈 때마다 담임선생님은 저한테 화를 내고 자퇴하라는 말도 많이 했지만 저는 중학교 졸업장을 받으려고 절대 자퇴는 안 한다고 했죠.

| 연구자 | 윤주야, 네가 학교도 안 가고 교회도 안 가니까 부모님이 가만히 계시지 않았을 텐데?

| 윤주 | 진짜 장난 아니었어요. 매 주일 저녁마다 가족들과 대판 싸웠으니까요. 어머니는 그때마다 많이 우셨어요. 저는 아버지께 혼이 나니 화가 나서 집 안의 집기들을 던지고 부수기 시작했죠. 엄마는 그런 저를 붙잡으며 엄마가 잘못

했다며 계속 우셨어요. 그러면 저는 더 화가 나는 거예요. 그래서 어머니를 밀치고 더 막 나갔어요.

어머니의 암 선고와 만나다

그렇게 방황하며 시간을 보내다가 윤주는 중3 말 즈음에 어머니의 암 선고 소식을 듣게 되었다. 당시 부모님은 암 초기라고 말했지만 사실은 말기였다. 아이가 심각한 충격에 빠질까 봐 걱정을 하여 거짓말을 한 것이다. 윤주는 정신이 멍해졌다. 마음 한편이 불안했지만 엄마가 돌아가실 거라고는 생각하고 싶지 않았다. '에이, 겨우 내 나이 열여섯 살인데 드라마도 아니고. 설마 엄마가 돌아가시겠어?'

결국 윤주 어머니는 암 수술을 받았다. 멀쩡해 보여 괜찮은 줄 알았지만 그 후로도 여러 번 수술을 더 받아야 했고 신경 쪽에 문제가 생겼다. 수술 때 어쩔 수 없이 건드려진 신경 때문에 어머니는 오른팔을 쓰기가 어려웠다. 그래도 어머니는 퇴원해서 집으로 돌아왔고 윤주는 이제 괜찮은 줄 알았다. 그녀는 동네 근처의 고등학교로 진학했다. 어머니는 여전히 입원과 퇴원을 반복했다. 윤주는 학교 끝나고 야간자율학습이 없는 날엔 병문안을 갔다. 어머니가 힘들어해서 많은 대화를 나누진 못했지만 그래도 엄마를 보러 갔다. 어머니는 일반병원과 요양병원 생활을 번갈아 하면서도 늘 밝은 모습이었다. 윤주는 학교생활이 여전히 재미없었지만 병든 엄마를 생각해 고등학교 1학년을 별 탈 없이 다녔다.

그러던 중 윤주도 조금씩 몸이 아파 병원에 가니 저혈압이었다. 겉은 멀쩡해 보이는데 어지러워 학교를 빠지게 되었다. 그러다 고1 겨울방학 때 윤주의 어머니는 어디서 들었는지 윤주에게 DLS 입학을 권하기 시작했다. 윤주가 대충 들어보니 기독교 대안학교인데 기숙학교였다. 공동체 생활을 끔찍하게 싫어하는 윤주는 어머니께 무슨 소리냐고 가지 않겠다고 소리 질렀다.

"교회도 한 달에 한 번 갈까 말까 하는데 예배를 하루 세 번 드리는 기독교 대안학교에 가라고? 말도 안 되는 소리 하지 마."

하지만 윤주는 계속되는 어머니의 간곡한 권유에 원서만 써보겠다고 약속했다. 아픈 엄마가 계속 권유하는 것을 뿌리치기가 어려웠기 때문이다. 하지만 아무리 생각해도 DLS에 가고 싶지 않아서 원서를 쓰지 않았다. 대신 윤주는 열흘간 인도로 봉사활동을 떠났다.

하나님을 만나기 위한 노력

인도에서 봉사활동을 하며
마음 문이 조금씩 열리다

윤주는 인도에서 열흘 좀 넘게 봉사활동을 하며 제법 많은 깨달음을 얻었다. 윤주가 갔던 학교 안에는 힌두교 조형물과 형상이 가득했다. 그런 것들은 17년 넘게 목사 딸로 커온 윤주에게 낯설게 다가왔다. 하나님은 없다고 생각하지만 타 종교 문화는 윤주에게 매우 멀고 이질적이었다. 윤주는 대부분의 시간을 봉사활동에 쓰고 두세 곳 정도 관광지를 방문했다. 그중 하나가 힌두교 신들을 모셔둔 사원이었다. 수많은 사람이 사원 입구까지 문전성시를 이루었다. 윤주 일행도 줄을 서서 사원에 들어갔다. 그곳에서는 들어오는 사람마다 머리에 물을 살짝 뿌리고 힌두교 상징물에 고개를 숙여 인사하게 했다. 윤주는 마음 속으로 '저건 우상숭배야! 하면 안 돼' 생각하면서 피해야 한다는 생각이 들었다. 자신의 차례가 되자 잔뜩 굳어서 불편한 얼굴로 말했다.

"I'm Christian!"

자기 입에서 어떻게 그런 말이 나왔는지 윤주도 신기했다. 인도 사람들은 웃으면서 이건 단지 하나의 행동에 불과하다며 다른 사람들도 다 한다고 했다. 윤주는 싫다고 딱 잘라 말했다. 그러자 그 사람들은 아무 말 없이 윤주 머리 위에 물만 뿌리고는 그냥 가라고 했다.

윤주는 자기 머리에 성수라 말하는 물을 뿌리는 것만으로도 왠지 하나님 앞에 죄를 짓는 것 같은 기분이 들었다. 윤주에게 더 이상 하나님은 없는 존재였음에도 불구하고 말이다. 찝찝한 기분으로 사원 관광지를 다녀오고 일요일이 되었다. 윤주는 원래 일요일이 되어도 예배를 드리지 않았는데 같이 갔던 봉사팀 한국 코디네이터 선생님이 독실한 크리스천이었다. 교회 다니는 친구들끼리 간단하게 예배를 드리자고 제안했다. 같은 팀에는 윤주처럼 목사 딸인 여자아이가 있었다. 결국 윤주는 인도까지 와서 한국에서도 드리지 않던 예배를 그들과 함께 드렸고 그들을 보면서 신기해했다.

'인도까지 와서 주일예배를 지키고, 믿지 않는 사람들 앞에서 하나님 이야기를 아무 거리낌 없이 하고. 저게 진짜 기독교인인가? 믿을 거면 나도 저렇게 믿어보고 싶다.'

그 예배를 통해서 윤주는 한국에 돌아가면 DLS 원서를 써야겠다고 다짐했다. 귀국한 뒤 윤주는 인도에서의 다짐처럼 DLS 원서를 썼고, 서류전형에 통과하여 면접을 보러 갔다. 면접은 부모님과 함께 보는 방식이었다. 윤주는 그런 방식이 낯간지러워 마음에 들지 않아 면접 보는 동안 내내 태도가 불량했다.

| 연구자 | 윤주야, 면접 때 어떤 자세로 봤는데 태도 불량이라고 그러니?

| 윤주 | 일단 다리 꼬고 삐딱한 자세로 앉아서 면접을 봤죠.

| 연구자 | 왜 그렇게 봤는데. 합격하려고 지원한 거잖아?

| 윤주 | 그건 그렇지만……. 그냥 왠지 합격할 거라는 생각이 들었거든요. 그런데 부모님과 함께 면접을 보는 방식이 별로 마음에 안 들었어요.

| 연구자 | DLS에는 왜 지원한 거니?

| 윤주 | 첫 번째는 엄마 때문이에요. 엄마가 죽기 전에 마지막 소원이라는데 처음에는 안 간다고 성질을 부렸지만 계속 마음이 불편했어요. 엄마에게 해드린 것이 아무것도 없었거든요. 눈물 나게 한 거밖에는……. 그래서 원서 쓰는 것

만으로도 기뻐하실 엄마 얼굴이 떠올라 지원했어요. 그리고 눈에 안 보이는 하나님이 정말 계시는지 궁금했어요. 목사 딸로 자랐지만 정말 하나님이 계시는지 몰랐거든요. 진짜 하나님이 있는지 확인하고 싶었고 만약에 하나님이 없다면 정말 막 살아야지 싶었어요. 그래서 마지막이라는 마음으로 지원했어요.

연구자는 그 당시 면접 때 윤주와 윤주 부모님을 처음 만났다. 연구자가 만난 윤주의 모습은 매우 충격적이었다. 특히 면접 도중 갑자기 아버지에 대해 말하는 내용을 듣고 참 많은 생각이 들었다.

"아빠, 나는 아빠가 믿는 하나님 믿지 않아. 하나님이 어디 있어? 아빠는 왜 우리 가족보다 교회 성도들을 더 먼저 챙겨? 왜 우리에게 소홀했어? 왜 하나님 일이 먼저야? 난 아빠가 싫어. 정말 이곳에 오기 싫지만 엄마 마지막 소원이래서 지원한 거지 아빠 때문에 온 게 아니야. 나는 엄마 말대로 하나님이 있는지 없는지 확인하러 온 거야. 만약 없으면 그때는 진짜 나는 막 살 거야."

윤주가 말할 때 옆에서 아버지는 계속 우셨다. 지켜보는 연구자의 마음도 아팠다. 그리고 윤주 어머니도 옆에서 우셨다. 수많은 면접을 보았지만 지금도 잊히지 않는 모습이다. 윤주로 인하여 학교에서는 교사 회의가 열렸다. 이 학생을 받아주어야 할지 말아야 할지를 의논하는 자리였다. 많은 논의 끝에 윤주에게 기회를 주기로 결정했다. 우여곡절 끝에 윤주는 고등학교 2학년으로 올라가던 해, DLS에 합격했다. 윤주는 DLS에 가서 하나님이 있는지 없는지, 부모님의 눈이 아닌 자신의 눈으로 확인하고 싶었고 이것이 자신의 신앙생활을 건 마지막 도전이었다고 고백하였다.

하나님을 만나기 위해 집을 나서다

그렇게 입학한 DLS의 생활은 윤주에게 충격 그 자체였다. 우선 새벽예배부터 박수 치며 찬양하는 학생들이 괴기스러웠다. 점심과 저녁에 있는 찬양예배 때 뛰는 것을 보고 윤주는 기겁했다. 모든 것이 생소했다. 윤주는 '왜 여길 왔을까' 후회하며 마치 자기가 어떤 이상한 섬에 갇힌 사람 같았다. 윤주는 이곳을 탈출해야 한다는 생각이 매일 밤마다 들었다고 했다. 여기 있다간 진짜 자신도 세뇌를 당하고 같이 미칠 것만 같았다고. 그런데 문득 이런 생각이 들었다.

'사람의 반복학습을 통해 습득된 정보만으로 학생들이 저렇게 행복한 얼굴로 찬양할 수 있을까?'

윤주가 너무나 지겹게 드리는 하루 세 번의 예배를 다른 학생들은 행복하게 드리고 있었다. 가식이라고 말하기에는 너무 행복해 보였고 무엇이 저들을 저렇게 행복하게 만드는지 궁금했다. 자신도 큰 소리를 내며 기도하는 친구들처럼 기도하고 싶다는 마음이 들었다. 반면에 그런 생각이 들 때마다 자기는 미치면 안 된다고 마음을 다잡았다. 그러다 한 번쯤은 미친 척하고 해보자며 기도하는 시늉을 했고, 그 시늉에 마음이 실리면 실릴수록 그녀의 기도 시늉은 흉내가 아닌 기도가 됐다. 띄엄띄엄 기도하기도 힘든 그녀 입에서 빠른 속도로 기도가 막 쏟아져 나오기 시작했다.

하나님과 만남

"하나님, 계십니까? 안 계십니까?"

입학한 지 닷새째 되던 날 금요기도회 시간이 되었다. 그날도 어김없이 윤주의 기도는 두 가지였다. 첫째는 "하나님, 계십니까? 안 계십니까?"였고 둘째는 "하나님, 나를 사랑하십니까? 사랑하지 않으십니까?"였다. 윤주는 DLS에 입학한 후 계속 이 두 가지 기도제목으로 기도를 했다. 그렇게 큰 소리로 기도를 하다 점점 윤주 입에서 빠른 속도로 기도가 쏟아져 나왔다. 빨라지던 기도가 점점 이상한 말로 변하더니 마음이 엄청나게 뜨거워졌다. 심장이 벅찼다. 태어나서 단 한 번도 느껴본 적 없는 감정이었다. 자기도 모르게 쏟아내는 기도소리가 너무 빨라 숨쉬기도 힘들었다. 그것이 방언임을 깨달은 것은 예배가 끝나고 모든 기도를 마친 뒤였다.

'내가 왜 이러지. 정말 하나님은 있나 봐. 난 미친 게 아닌데 내가 여기 있는 다른 사람들처럼 이렇게 기도하다니. 이건 정말 하나님이 아니라면 설명하기 어려워.'

| 연구자 | 윤주야, 선생님이 지금도 기억하는데 들어온 첫날부터 맨 앞에서 큰 소리로 하나님 있습니까? 없습니까? 하나님 날 사랑하십니까? 안 사랑하십니까? 그렇게 기도하던데. 하나님이 정말 계시니?

| 윤주 | 정말 계세요.

| 연구자 | 너는 그동안 하나님 믿는 사람들 싫어하고 아버지한테도 하나님 없는데 왜 하나님 있다고 사기 치고 돈 버냐고 그랬잖아? 아버지한테 사기 그만 치고 정직하게 식당하자고 했잖니?

| 윤주 | 네 그랬죠. 진짜 반성하고 있어요.

| 연구자 | 윤주야, 하나님을 만나면 어떤 상태가 되니? 금요기도회 때 기도하다가 갑자기 눈물 콧물까지 흘리면서 이상한 말을 했잖아? 왜 그렇게 된 거니?

| 윤주 | 지금도 생각하면 참 놀라운데, 저는 사실 기독교 비판하는 애로 꽤 유명했거든요. 나름 말발도 세고, 글도 어느 정도 쓰고……. 아무튼 저는 하나님이 없다고 생각했어요. DLS에 입학하고 나서 학습은 거의 안 했고 예배시간에 하나님 있느냐, 하나님 날 사랑하냐고 그것만 매일 기도했어요. 월요일, 화요일, 수요일, 목요일 계속 기도해도 그냥 특별한 일은 없었어요. 좀 마음이 뜨거워지는 정도. 그런데 금요일은 달랐어요. 금요일에도 큰 소리로 하나님 있습니까? 없습니까? 하나님 날 사랑하십니까? 안 사랑하십니까? 기도하는데 갑자기 마음속에서 누군가가 "내가 너를 사랑한다"라고 말하는 거예요. 정말 깜짝 놀랐어요.

| 연구자 | 윤주야 정말 마음속에 그런 소리가 들렸니?

|윤주| 네, 정말 그랬어요. 저같이 비판적이고 냉소적인 애가 왜 그런 얘기를 지어내겠어요?

|연구자| 그건 그렇지.

|윤주| 착각이 아닐까 생각도 해봤는데 그게 아니었어요. 정말 마음속에 "내가 너를 사랑한다"는 소리가 분명히 들렸어요. 그리고 그 순간 예수님이 나 대신 십자가에 죽었다는 사실이 믿어졌어요. 저는 그동안 그 사실을 믿으려 하지 않았어요. 그런데 마음속에 음성이 들린 그 순간 예수님이 나 대신 죽는 모습이 떠오르며 나도 모르게 눈물이 나면서 너무 감사하고 죄송했어요. 지나온 일들이 생각나면서 회개기도를 하는데 입에서는 전혀 들어보지 못한 말들이 빠르게 나오더라고요. 그러면서 신기하게 그동안 부인했던 성경 내용들이 하나씩 머릿속에 떠오르며 믿어졌어요. 그러면서 더욱 저 자신이 죄인이라는 사실에 대하여 깊이 알게 되었고요. 예수님께 죄송하고 감사하면서 마음속에 기쁨과 평안이 막 올라오더라고요. 처음 경험해보는 기쁨과 평안이었어요.

변화와 결실

기도하고 학습하고 전도하고

윤주는 그렇게 하나님의 존재를 인정하게 되었다. 그녀는 하나님을 만났다고 확신했으며 18년 넘게 교회에 다니면서도 믿기지 않던 하나님이 실제로 존재한다는 것이 믿어졌다. 예수가 그녀를 대신해서 죽었다는 내용이 사실로 믿어졌다. 하나님을 만났다는 것을 착각으로 여기고 싶어도 그럴 수가 없었다. 그때의 벅찬 감정을 한 번도 겪어보지 못했으며 그때 진짜 행복했기 때문이다.

형식적이고 따분했던 기도가 감사와 기쁨의 기도가 되었고 하나님에 대해서 더 알고 싶은 마음이 커졌다. 말씀이 즐거웠고 기다려졌다. 예전에는 그토록 드리기 싫었던 예배를 드리고 싶어졌고, 예배시간이 기다려졌다. 뭐든지 좋으니 하나님에 대해서 알고 싶은 마음이 간절했다. 찬양의 가사 한 소절 한 소절마다 진심이 담겼고 다른 아이들처럼 행복하게 찬양할 수 있었다. 판단의 기준이 그녀 자신에서 성경의 가르침으로 변했다. 성경의 가르침을 따라 살려고 노력했다. 그녀는 더 이상 그녀의 것이 아니라 하나님의 것이고 자신의 삶 역시 하나님의 것임을 확실히 인정했다. 하나님을 기쁘게 하고 싶다는 생각이 들었다. 전에는 상상도 못할 변화였다.

신앙뿐만 아니라 성격도 많이 변하게 되었다. 친구들로부터 '냉정하다', '냉소적이다', '까칠하다' 같은 수식어 꼬리표를 많이 달고 살았는데 정말 많이 웃게 되었고 생각하는 것도 긍정적으로 바뀌었다. 그렇게 되려고 노력한 것이 아닌데 어느 순간 하나님을 믿고 난 뒤의 윤주의 모습이 그랬다.

그동안 포기했던 학습 역시 이제는 다시 시작했다. 왜 학습해야 하는지 몰랐기에 그저 따분하고 하기 싫었다. 그러나 이제는 학습할 목표가 생겼다. 하나님이 자신에게 주신 재능을 헛되이 낭비한 것을 많이 회개했다. 그리고 하나님의 준비된 일꾼이 되기 위해 열심히 학습하기로 결심했다. 기도하는 시간 빼고는 무섭게 학습에 몰입했다. 학습하다 힘들면 다시 하나님께 기도하고 다시 학습했다.

DLS에 있는 동안 윤주는 자기 자신이 얼마나 변했는지 잘 몰랐다. 신입생 기간이 끝난 후 집으로 가서 만난 친구들에게 전도하는 윤주의 모습을 보고 친구들도 놀랐지만, 누구보다 본인이 가장 많이 놀랐다. 친구들 앞에서 하나님을 부정하고 욕하던 윤주가 친구들에게 하나님을 믿으라고 전하니 친구들은 모두 충격을 받았다. 부모님은 너무 기뻐하고 행복해했다. "우리 딸이 이렇게 변하다니! 하나님, 감사합니다. 정말 감사합니다."

윤주가 예배시간에 전심으로 예배드리는 모습을 보고 교인들도 모두 놀랐다. 그리고 하나님이 살아계심에 대하여 모두가 기뻐하며 찬양했다. 윤주가 매주 교회를 잘 나가고 주변 친구들을 전도하면서 교회의 성도 수도 증가했다.

슬럼프가 찾아오다

윤주는 DLS에서의 생활이 너무나 즐거웠다. 기도가 제일 행복했고 하나님과의 교제가 설렜기에 앞으로도 쭉 이럴 줄 알았다. 크고 작은 일로 힘든 마음이 들었을 때도 기도하며 잘 버텨나갔다. 포기했던 학습을 다시 하는 것이 힘들었지만 그래도 하나님을 위해 학습할 수 있는 것으로 윤주는 감사했다. 정 학습이 안되고 힘들 때는 한두 시간 기도하면 마음이 다시 회복되었다. 주변 친구들은 "윤주야 넌 정말 슬럼프 없이 잘 해낸다. 부러워!"

그렇게 슬럼프를 모르고 지내던 윤주에게 하나님을 만난 후 첫 번째 큰 슬럼프가 찾아왔다. 어머니의 암 재발 소식이었다. 암이 간으로 전이가 됐다. 요양병원에서 쉬시다 집으로 오셔서 교회 사역을 돕고 있던 어머니는 다시 수술을 받고 요양병원에 가야 한다고 했다. 이때 윤주는 중학교 3학년 당시 처음 암을 발견했을 때 이미 초기가 아니고 말기에 가까웠고 엄마는 그때부터 시한부 선고를 받았다는 사실을 알게 됐다.

하늘이 무너지고 땅이 꺼지는 느낌이었다. 중학교 3학년, 처음 어머니의 암 소식을 들었을 때와 달리 윤주는 주체할 수 없었다. 중3 때는 애써 자신의 마음을 무시했지만 하나님을 만난 윤주는 자신의 마음을 바로 보는 힘이 생겼다. 그래서 윤주는 더욱 힘들고 슬펐다. 목이 메고 계속 눈물이 났다. 밥을 먹다가도, 학습을 하다가도, 예배 중에도 밤낮 장소 가리지 않고 눈물이 계속 났다. 윤주는 정말 죽을 것같이 목숨 다해서 기도했다. 기도하다가 지쳐 예배당에서 나갈 기운조차 없던 날이 부지기수였다.

'이렇게 기도할 수 없다 싶을 정도로 기도했는데, 하나님은 왜 어머니의 병을 안 고쳐주실까? 이제야 우리 가족 행복해지나 싶었는

데……. 하나님이 살아계신 건 알겠는데 우리 가족에게 그리고 나에게 왜 이러시는 걸까?'

윤주는 하나님을 많이 원망했다. 죄송하다고 회개기도를 하면서도 원망했고, 찬양하면서도 속으로 원망했고, 어머니를 제발 살려달라고 간절하게 기도하면서도 입에서는 '왜'라는 의심이 끊이질 않았다. 이런 사실을 모르는 학교 친구들은 윤주에게 무슨 일이 있느냐고 물었다. 윤주는 대답을 외면했다. 너무 힘들어 대꾸하면서 웃어줄 여유조차 없었다. 매일 자신이 죽고 엄마는 살려달라며 원망하면서 기도했다. 이 힘든 상황을 해결해주실 분이 하나님이라는 걸 윤주는 알고 있었고, 원망을 해도 결국 그녀에게는 하나님밖에 없었다.

회복과 결실

어머니의 병세가 악화되다

하나님에 대한 원망과 눈물로 가득 찬 채 윤주는 자신도 더 이상 살기 싫다고 기도했다고 한다. 윤주는 곧 엄마가 죽을 것이라는 사실로 인해 너무 속상해서 더 이상 살기 싫다고 하나님께 절규했다. 그런 윤주가 의심과 슬럼프를 극복할 수 있었던 이유는 성경말씀이었다.

| 연구자 | 윤주야, 그때 어떤 말씀이 너를 그렇게 살렸니?

| 윤주 | 호세아 11장 말씀이었어요.

| 연구자 | 좀 더 자세히 얘기해주겠니?

| 윤주 | 하나님께서는 하나님을 배반한 우리를 그럼에도 불구하고 사랑하신 다는 내용이에요. 하나님이 우리에게 걸음을 가르치시고 하나님의 팔로 안고 우리를 고치는 걸 우리는 모르지만 그럼에도 불구하고 하나님은 우리를 절대 놓지 않으시고 버리지 않으시며 우리를 향해 긍휼이 불 붙듯 하신다는 내용이지요.

| 연구자 | 그렇구나! 참 좋은 말씀이구나! 그 말씀을 읽고 나서 어땠니?

| 윤주 | 그 말씀을 읽자마자 갑자기 눈물이 왈칵 쏟아졌어요. 엄마가 죽는다는 사실 앞에서, 그런 시간 속에서도 하나님은 나를 사랑하고 나를 구원하신다는 확신이 들었어요. 그리고 이 모든 일이 합력해서 선을 이루실 거란 확신도 들었지요. 하나님이 저를 사랑하셔서 결코 놓지 않으신다는 확신이 들면서 다시 제 몸과 마음이 회복됨을 느꼈어요. 말씀이 저를 살렸어요.

그 말씀을 계기로 윤주는 언젠가는 반드시 신학을 할 것을 다짐했다. 호세아 말씀을 읽고 나서 윤주 어머니의 병이 고쳐진 것은 아니었다. 하지만 윤주의 믿음은 더 성장했고, 결과가 어떻게 되든지 선을 이루실 하나님을 더 굳게 믿게 되었다. 암 수술을 받고 윤주 어머니는 항암치료를 하며 계속 요양병원에 있었다. 윤주가 고등학교 3학년, 수험생이 되었을 때 윤주 어머니는 머리를 밀고 하루하루 눈에 띄게 야위어갔다. 더 이상 요양병원에 있지도 못할 상태가 돼서 일반병원에 다

시 입원했다. 윤주 어머니는 윤주가 신학을 하기로 정하고 주의 종으로 살기로 결정한 것을 이미 알았기에 딸을 위해 병상에서도 기도했다. 병원으로 간 뒤 의사는 윤주 가족에게 임종을 준비하라고 말했다. 점점 상황은 최악으로 변해갔지만 윤주 가족은 계속 기도하며 희망의 끈을 놓지 않았다. 어머니 또한 너무 고통스러웠지만 삶에 대한 의지를 붙들고 병원을 옮겨 마지막 항암치료를 선택했다.

하지만 어머니의 병세는 더욱 악화되어 임종을 앞두고 있었다. 그 상황에서 윤주는 자신을 붙잡아주시는 하나님을 느끼며, 할아버지 때는 하지 못해 한이 맺혔던 사랑한다는 말도 어머니께는 아끼지 않고 표현하려 노력했다. 어머니는 끝까지 아픈 내색을 비치지 않으려 노력했다. 하지만 상황은 악화되고 의사는 또다시 가족들에게 임종을 준비하라는 말을 전했다.

그녀는 어머니 곁을 지켰다. 밤새 무슨 일이 벌어질지 모르고 수시로 통증으로 깨서서 힘들어했기에 아빠와 번갈아 밤을 새워야 했다. 결국 어머니는 혼수상태에 빠졌고 중환자실 병실로 옮겨졌다. 윤주는 병원 쉼터에서 생활하며 병원 예배당에서 기도하고 지내면서 하루 두 번 있는 중환자실 면회시간을 기다렸다.

그런 생활 속에서 윤주의 몸도 지쳐갔고 제대로 걷고 서는 것조차 힘들었다. 너무 어지럽고 몸이 저리며 메스꺼워 쉬지 않으면 버티기가 어려웠다. 윤주는 DLS에서 1박 2일만 쉬고 오려고 병원을 나왔다. 계속 쉼터 소파에서 자다가 DLS에서 하루 자면서 예배드리며 심신의 많은 회복을 경험했다. 하룻밤 자고 그다음 날, 원래 계획대로라면 저녁에 있을 면회시간에 맞춰서 가려 했는데 전화가 왔다. 지금 어머니가 마지막 숨으로 호흡하고 있으니 바로 오라는 전화였다.

DLS에서 병원까지 가려면 시간이 많이 걸렸다. 그때까지 어머니가 살아계실지도 의문이었다. 서둘러 택시를 타고 병원으로 가는 길, 할아버지 때처럼 임종을 못 지킬까 속으로 기도하고 또 기도하며, 엄마를 두고 DLS에 쉬러 온 자기 자신을 원망하며 초조해했다. 엄마는 혼수상태지만 들을 수는 있다고 해서 택시 안에서 전화 통화를 계속하며 어머니에게 하고 싶은 말을 전했다. 윤주가 병원에 도착해서 중환자실로 들어가 어머니에게 왔다고 마지막 인사를 전하고 난 뒤에야 어머니는 마음을 놓았는지 그토록 사랑해 마지않던 하나님 품으로 가셨다.

합력하여 선을 이룰 것이다

장례를 치르면서 윤주는 눈물을 참고 또 참았다. 주위 어른들이 장녀로서 이제 윤주에게 어머니의 역할까지 다 해야 된다고 하셨는데, 그녀가 가지고 있던 책임감과 맞아떨어지면서 더 울지 못한 것 같다. 원래는 3일 장인데 윤주 가족은 주일이 껴서 4일 장을 치렀다. 그런데 신기하게도 장례 치르는 동안에 그녀가 느낀 것은 슬픔과 하나님의 역사였다. 화목했던 적이 없던 윤주네 가정이 이젠 그녀와 그녀 동생까지 하나님 품을 떠났다가 돌아와 하나님 안에서 똘똘 뭉친 가정이 되었다. 이런 가정이 되길 기도하셨던 어머니의 기도제목들이 다 응답된 것을 느꼈다. 어머니는 없지만 어머니의 기도에 대한 하나님의 응답을 느꼈다. 그리고 하나님께 감사했다. 그녀가 생각해도 미친 것 같았다. '장례식에서 감사하다니.' 그녀는 장례식 기간 동안 오랫동안 못 본 사람들을 만나게 해주시고 그들을 통해 하나님을 더 알게 해주셔서 감사했다. 지금 당장 수긍할 순 없지만 아무리 마약성 주사를 놓고 약을 여러 알 먹어도 통증에 괴로워하던 어머니가 더 이상 고통 받지 않아도 된다는 사실에도 감사했다. 어머니의 오랜 투병기간 동안 어머니가 그토록 눈물로 기도했던 하나님 안에서 가정의 회복이 이루어져서 감사했다. 가늠할 수 없을 만큼 큰 하나님의 사랑을 느꼈다. 다시한번 하나님이 살아계심을 부정할 수 없게 되었다.

  결과적으로 봤을 때 혼신의 힘을 다한 윤주의 기도, DLS 모든 선생님들과 학생들, 교회 성도들, 다른 목사님들이나 사역자분들의 간절한 기도는 응답되지 않았다. 다들 그렇게 전심을 다해 애타게 살려달라고 기도했는데 어머니는 하나님 곁으로 가셨다. 하지만 그녀는 그 전보다 더 하나님의 살아계심을 믿게 되었고 또한 주의 종이라는 삶의 목표가 뚜렷해졌다. 하나님이 합력하여 선을 이루실 것이라는 믿음이 생겼다. 당장은 어머니의 빈자리가 너무나 커 마음이 아프고 아직도 눈물이 나온다. 그럴수록 윤주는 이 땅에서의 삶이 하나님 앞에 썩어가는 것이 보이고 그 후에 있을 하늘나라의 삶에 더욱 큰 소망이 생겼다. 윤주는 얼마 전 수시전형으로 대학교 신학과에 합격했다. 당장은 불가능해 보이고 응답되지 않을 것 같던 어머니의 기도들이 어머니의 장례식장에서 모두 응답받았다는 것을 윤주는 깨달았다. 그리고 모든 것을 하나님 안에서 믿음으로 보는 시각이 윤주 안에서 더욱 크게 자리 잡았다. 윤주는 앞으로 자신이 가야 할 길들이 쉬울 것이라고 생각하지 않는다고 했다. 하지만 윤주를 이끄시고 지키시는 신실하신 하나님을 의지하며 앞으로도 '하나님과 만남과 교제'를 지속하면서 이 믿음을 지키며 살기를 소망한다. 윤주는 현재 대학에서 신학을 공부하며 천국에 가신 어머니를 대신하여 아버지 교회 사역을 돕고 있다. 그 안에서 자신처럼 방황하는 청소년들에게 복음을 전하며 그들을 도우며 열심히 하나님을 위해 살고자 힘쓰고 있다.

술을 훔치던 알코올 소년,
하나님이
깨끗이 씻겨주다

올해 대학 새내기인 만수는 스물두 살에 대학에 들어갔다. 대학교 신학과 1학년에 재학 중이다. 신실한 믿음의 부모님과 할머니를 둔 모태신앙 출신인 그는 중·고등학교 시절 많이 방황했다. 그 결과 고3 때 학교를 자퇴했다. 그 후 20대 초반까지 술과 여러 쾌락을 좇으며 살아왔다. 그는 자살도 생각할 만큼 인생의 여러 고비를 거쳐 DLS에 입학한 후 하나님을 만났다. 그 이후 그의 삶은 변화되었고 목사 후보생인 신학도로서 새로운 인생을 살고 있다.

독실한 믿음의 가정에서 태어나다

만수는 독실한 기독교 집안에서 모태신앙으로 태어났다. 유년 시절까지 만수는 부모가 시키는 대로 교회에 열심히 다녔다. 만수는 부모님께서 가르쳐주는 성경말씀에 대해 부모님이 해주는 말이라고 생각해 별다른 거부감 없이 들었다.

만수는 교회 주일학교 선생님의 말씀도 잘 따랐다. 교회를 다니지 않는 친구들을 교회로 인도하는 전도축제가 있었는데 최대한 많은 친구를 전도하라는 주일학교 반 선생님의 말에 따라 만수는 학교에서 친했던 모든 친구를 전도했다. 이런 만수를 기특하게 여긴 선생님은 교회에 있는 많은 일을 만수에게 맡기기 시작했다. 어린 나이에 성가대부터 율동 팀 등 많은 일을 두루 맡게 되었다. 만수는 어린 나이에도 불구하고 교회 봉사도 많이 했고 엄마가 믿는 하나님에 대해서도 많이 들었지만 하나님을 인격적으로 만나지는 못한 상태였다.

만수처럼 신앙이 독실한 부모님을 따라 교회에 다니던 학생들은 아주 특별한 경우를 제외하고는 초등학교 시절에는 대개 잘 따라다닌다. 초등학교 시절부터 교회에 가기 싫다고 반항하며 부모의 말을 거역하는 경우는 흔치 않다. 초등학교 5, 6학년 고학년의 경우는 간혹 사춘기가 일찍 오는 학생들이 부모의 말을 거역하고 교회에 나가지 않으며 친구들과 어울려 놀기도 하지만 만수처럼 부모 모두가 교회에 열심히 다니는 가정이라면 대개 초등학교 시절에는 교회에 가는 것에 크게 반항하지 않는다. 그러나 교회를 다닌다고 해서 하나님을 인격적으로 만난 사람이라고 단정하기는 어렵다. 교회를 다니지만 하나님을 인격적으로 만나지 못한 채 형식적으로 다니는 사람들이 많기 때문이다. 만수 역시 초등학교 시절에는 부모님이 시키는 대로 교회에 잘 가고, 교회 봉사활동도 하였다. 하지만 하나님을 만나서 하나님께 감사하여

자원하는 마음으로 한 것은 아니었다. 그냥 교회 목사님과 선생님들과 부모님께 칭찬받고 어른들의 말이므로 순종하겠다는 수동적인 행동이었다. 초등학교 때는 큰 반발 없이 교회에 잘 나가던 아이들이 중학생이 되고 본격적인 사춘기가 되면 부모에게 반항하며 교회에 나가는 것을 거부하거나 하나님의 말씀을 무시하거나 하나님의 존재를 부정하는 행동들을 교회 안팎에서 하는 경우가 나타난다. 만수에게도 그런 증후들이 나타나기 시작했다.

소주 6병쯤이야……

중학교에 들어가면서 만수는 교회를 다니는 것에 대해 회의가 들기 시작했다. 눈에 보이지 않는 하나님을 위해 일요일 내내 교회에서 지내며 사람들의 눈을 의식해 봉사하는 것에 거부감이 들었다. 중학교에 들어가서 새롭게 사귀게 된 친구들은 거의 대부분 음주와 흡연을 했다. 만수도 자연스럽게 그들과 어울리며 음주와 흡연을 시작했다. 초등학교 6학년 때까지만 하더라도 만수는 PC방에 가면 PC방 안에 부모님이 계실 것만 같아 가지 않았다. 친구가 야한 동영상을 보여줘도 눈을 가리고 소리치며 보지 않던 만수였다. 아저씨들이 마시는 술은 거들떠보지도 않았고 길거리에 담배연기가 스치면 코를 손으로 막으며 혹여나 담배 냄새를 맡을까 봐 어쩔 줄 몰라 했었다.

그런 만수가 중학교에 올라가면서 그동안 거부해왔던 소위 '세상문화'라는 것을 조금씩 받아들이기 시작했는데 그 대표적인 것이 흡연과 음주였다. 음주와 흡연을 하는 또래 친구들과 어울리면서 그것을 계속 거절하기는 어려웠다. 한번 입에 대자 오히려 다른 또래들보다 더 담배를 많이 피워서 자신이 더 막 나간다는 것을 보여주고 싶었고 다른 또래들보다 술을 적게 마시면 패배자라는 생각이 들었다. 여자친구를 누가 더 많이 사귀고, 누가 더 여자친구와 진도가 빨리 나가는지 친구들과 대결도 했다. 이렇게 학교 학습보다 담배, 술, 여자 등 육체적인 즐거움에 더 신경을 쓰며 세상적인 쾌락에 더 마음을 주게 되었다.

예를 들어, 수업을 마친 후 다음 수업을 위해 머리를 식히거나 다음 수업 예습을 해야 하는 쉬는 시간에 화장실로 급히 달려가 담배를 피우고, 점심시간에는 학교 밖으로 뛰쳐나가 PC방에 가기도 했다. 수업을 마치면 학원이 아니라 친구들과 함께 놀러 다녔다. 그래도 만수는 중학교 때까지 수업시간을 빼먹은 적은 없었다. 그때까지 학습을 포기하지는 않았는데, 공부를 해야 더 많은 쾌락을 누릴 수 있다고 생각했기 때문이다. 놀면서도 공부는 놓치지 않다 보니 반에서 1, 2위를 다투는 상위권에 속해 있었다. 그때 그를 즐겁게 하던 많은 쾌락 가운데서 만수를 가장 만족시키는 쾌락은 바로 술이었다.

| 연구자 | 만수야, 그 시절 너는 술이 얼마만큼 좋았니?

| 만수 | 담배, 오락, 이성교제 등 여러 가지 쾌락이 있었는데 그중에 제일은 술이었어요. 다른 쾌락들 다 합쳐도 술보다 못했어요. 처음에는 술맛도 몰랐고 주량도 약했어요. 그냥 정신이 알딸딸해지는 게 좋아 자꾸 마시니까 늘더라고요. 소주를 하루에 꾸준히 한두 병씩을 먹었어요. 처음에는 그 정도만 마셔도 취했는데 나중에는 한두 병으로 취하지 않게 되었죠.

| 연구자 | 그럼 보통 몇 병 정도를 먹었니?

| 만수 | 다섯 병 정도도 안 취하고 좀 마신다고 한 날은 보통 여섯 병 이상 마셨어요. 제가 술을 얼마나 좋아했느냐면 중간고사나 기말고사 기간에도, 심지어 시험 당일 하루 전날에도 친구들과 술을 마셨죠. "부어라~ 마셔라~" 하면서 아무 생각 없이 마셨어요. 그래도 제가 평소에 더 큰 쾌락을 얻기 위해서라도 학습을 틈틈이 해서 시험 전날 과음했어도 시험 당일에는 나름 시험을 잘 보곤 했어요.

눈에 보이는 부모님, 눈에 보이지 않는 하나님

이렇게 흥청망청 시간들을 보내면서도 만수는 가급적 부모님의 마음을 아프게 하지 않도록 조심했다. 만수가 밖에서 무슨 짓을 하든지 부모님께는 엇나가는 모습을 들키기가 싫었다. 밖에서 담배를 피우고 집에 들어올 때는 손에 밴 냄새를 깨끗이 제거해서 들어왔고 술에서 덜 깬 상태로는 집에 들어가지 않았다. 통금 시간인 10시 이전에는 귀

가했고 부모님에게 PC방 출입과 흡연과 음주와 이성교제에 대해 절대로 이야기하지 않았다. 밖에서는 부모님 말씀에 불순종했지만 부모님 앞에서는 순종하는 착한 아들로 보이고 싶어서 연기했다.

만수는 처음 흡연과 음주를 할 때는 죄의식을 느꼈으나 몇 번 하고 나니까 대담해졌고 죄의식도 차츰 무뎌졌다. 형식적인 신앙을 가진 중학생이 또래집단의 음주와 흡연 문화에 저항하여 그것을 끝까지 하지 않겠다고 거절하는 것은 쉬운 일이 아니다. 오히려 만수의 이야기처럼 부모님께 걸리지만 않으면 된다는 마음이 더 강하게 지배하는 것을 알 수 있다.

연구 참여자들 가운데 찬욱이, 태주, 석주, 성훈이 역시 그러했다. 눈에 보이는 부모님을 실망시키기는 싫었지만, 눈에 보이지 않는 하나님에게 실망을 드리지 않기 위해 노력하지는 않았다. 만수는 부모님께만 안 걸리면 마음껏 술 마시고 담배를 피워도 문제가 없다고 생각했고 죄의식도 없었다. 오히려 또래집단과 어울려 음주와 흡연을 하고 쾌락을 좇는 것에 더욱 집중하게 되었다. 이런 현상은 학년이 올라감에 따라 더욱 그 강도가 강해지고 범위도 넓어진다. 만수는 중학생 때 방황과 불안의 시작 단계로 들어왔고 고등학교에 올라가 이제 본격적으로 방황과 불안의 중심 속으로 깊이 들어가게 된다.

교회 주차장에서 버젓이 담배를 피우다

고등학생이 되면서 만수는 더욱 술과 담배에 빠져들었다. 중학생 때에는 교회에 갈 때만큼은 부모님에게 죄송하여 담배와 술을 하지 않았지만 고등학교에 올라가면서는 그마저도 신경을 쓰지 않았다. 이미 하나님에 대한 두려움과 기본 예의가 사라져버린 것이다. 주일예배에 갈 때도 담배와 술에 찌든 모습 그대로 교회에 가기 시작했다. 아예 교회에 가고 싶지 않았지만 부모님 눈치 때문에 겨우 가는 정도였다. 하지만 늘 예배시간을 다 채우지 못한 채 예배당을 벗어났다. 그나마 교회에 가는 즐거움이 있다면 함께 쾌락을 즐기는 교회 친구들이 있기 때문이었다.

교회 들어가기 전에는 항상 교회 바로 옆 주차장에서 친구들과 담배를 피우고 함께 들어갔다. 사람들이 만수를 보고 눈살을 찌푸려도 아랑곳하지 않고 담배를 다 피우고 나서 예배시간에 참석했다. 예배시간도 온전히 하나님께 드리지 못했다. 찬양시간에는 찬양 가사를 자기 마음대로 개사해 부르며 친구들과 낄낄거렸고, 설교시간에는 옆 친구들과 계속 떠들었다. 예배시간이 끝나면 친구들과 모여 교회 주차장에서 또 담배를 피웠다. 교회 수련회를 갈 때도 만수와 친구들은 항상 함께 갔는데 예배시간에 예배를 드린 적은 한 번도 없고 모두가 잠자는 시간에 숙소에서 술판을 벌이며 놀았다. 그렇게라도 교회를 다니고 있던 그는 결국 교회 가는 것마저 포기하게 되었다. 더 이상 부모님의 눈치를 보며 억지로 교회에 가는 것이 싫어져서 아예 나가지 않은 것이다.

만수에게 하나님이란 존재는 없었고 하나님에 대한 믿음은 완전히 산산조각 난 상태였다. 하나님과 관계가 끊기면서 자연스럽게 부모님과의 관계에도 틈이 생기기 시작했다. 부모님 앞에서만은 말 잘 듣는 척하던 만수는 이제 부모님에게 대놓고 반항했고 작은 일에도 부모님에게 화를 내기 시작했다. 말도 안 되는 일로 투정 부리며 부모님 가슴에 대못을 박았다.

만수 어머니는 2대째 예수님을 믿으며 교회의 안수집사로, 성가대 지휘자로 하나님을 섬겼다. 아버지 역시 2대째 예수님을 믿으며 교회의 안수집사로 영어 예배 통역과 교회 내부 관리 등 많은 일을 맡아 섬기고 있었다. 그러다 보니 교회 성도들은 만수를 대부분 알고 있었다. 더구나 교회와 만수의 집은 30미터도 안 되는 가까운 거리에 있었기에 만수가 집 밖에서 생활하는 여러 모습들을 교회 성도들에게 들키기 일쑤였다.

집 근처에서 담배 피우다가 들키고, 교회 근처에서 여자와 단둘이 걸어 다니다가 들키고, 불량스러워 보이는 친구들과 욕을 하며 걸어 다니는 모습도 종종 들키곤 했다. 만수의 좋지 않은 모습들을 본 교인들은 부모님에게 말했고, 부모님은 아들이 방황하는 모습들을 다른 사람들을 통해 들으니 교회에서 얼굴을 들고 다닐 수가 없었다. 무엇보다 만수가 교회 나가기를 포기했다는 사실 때문에 더 많이 괴로워하였다.

공부도 음악도 포기하다

또 고등학교에 들어오면서 그나마 붙잡고 있던 학습마저 포기하게 되었다. 그는 미래에 대한 비전과 꿈이 없었다. 그저 공부 잘하면 돈을 잘 벌게 되고 더 큰 쾌락을 즐길 수 있기 때문에 학습을 놓지 않았었다. 하지만 미래에 대한 구체적인 꿈과 비전, 확신이 없었기에 인생에 회의감이 들었고 학습에 대한 의욕이 사라져 스스로 포기하게 된 것이다. 중학교 때 꼬박꼬박 어느 수준을 지켜오던 내신성적도 한순간에 바닥으로 곤두박질쳤고 학교 수업시간에는 늘 엎드려서 잠을 잤다. 쉬는 시간에는 담배를 피우며 친구들과 떠들었다. 선생님들은 수업시간에 늘 잠만 자는 만수를 깨우려고 여러 노력을 해보았지만 아무런 변화가 없고 의욕도 없어 보이자 더 이상 건들지 않게 되었다.

고등학교 때는 쉬는 시간과 점심시간을 제외하고 내내 잠만 잔 기억밖에 없다. 만수는 학습을 포기하고 하루하루 무기력하게 살다가 결국 졸업을 앞둔 고3 때 자퇴했다. 그래도 만수에게는 나름 자퇴하게 된 핑계거리가 있었는데 공부 대신 음악을 하겠다는 거였다. 공부 대신 음악을 선택해서 음악 연습을 해야 하는데 학교에서는 개인 연습시간을 주지 않으니 학교를 다니지 않겠다는 핑계를 대고 학교를 자퇴한 것이다. 하지만 만수의 무기력한 생활은 자퇴 후에도 달라지지 않았다. 아니, 더하면 더했지 덜하지 않았다. 음악 실기연습을 위해 레슨을 받으러 다니기도 했지만 음악도 만수가 진심으로 하고 싶던 게 아니다 보니 결국 음악 선생님들만 여러 차례 바꾸다가 돈만 버리고 포기했다.

|연구자| 음악 레슨은 뭘 받았니? 노래니?

|만수| 아니요. 피아노요.

|연구자| 그렇구나. 피아노 잘 치니?

|만수| 그럭저럭요. 체르니 다 뗐어요.

|연구자| 레슨 받을 때는 혼자 다녔니?

|만수| 아니요. 엄마가 차로 데려다주셨어요.

|연구자| 레슨 받을 때 힘들었던 거나 아니면 특별히 말하고 싶은 거 있으면 말해줄래?

|만수| 지금도 머릿속에서 잊히지 않는 것이 하나 있어요. 그 당시 엄마가 레슨 갈 때 차를 태워주셨는데 제가 차 안에서 거의 잤거든요. 그럴 때마다 엄마는 차 안에서 울면서 기도하셨어요. 기도하시던 어머니의 음성이 지금도 잊히지 않아요.

|연구자| 그랬구나. 너는 그 당시 교회에 안 나가고 있었잖아. 엄마의 기도 소리를 들었을 때 너는 어땠니?

|만수| 너무 바보 같은 얘기지만 그때는 엄마가 차 안에서 울면서 기도하는 그 음성이 너무 싫었어요. 얼마나 짜증이 나던지 정말 견디기 힘들었어요.

|연구자| 기도 소리가 그렇게 싫었니?

|만수| 그 당시 저는 하나님에 대해 굉장한 반감이 있었어요. 하나님이 없다고

생각하는데 엄마가 계속 하나님을 찾고 기도하시니 너무 짜증 나고 싫었던 거예요.

훔쳐서라도 술을 마시다

만수는 자기가 선택한 음악마저도 진정으로 하고 싶어 하는 것이 아니었기에 결국 포기했다. 그때부터 만수는 하나님을 인격적으로 만나기 전 스무 살까지 거의 2년을 자포자기하며 살았다. 하루하루가 무기력하고 무의미했다. 심지어 자살까지 생각한 적이 있었지만 불행 중 다행히 자살을 생각할 때마다 어렸을 때 주일학교 선생님과 어머니 그리고 목사님께서 말씀하셨던 지옥이 생각났다. 지옥이 두려워 자살 생각을 지워버릴 수 있었던 것이다. 그러나 무엇 하나 제대로 하지 않은 채 시간만 흘려보냈고 날마다 공허함에 빠졌다. 공허함을 달래기 위해 술이 주는 쾌락에 더욱더 깊이 빠지기 시작했다.

| 연구자 | 만수야, 음악마저 포기하고 그 뒤로는 막 살았다고 했는데 어떻게 지냈니?

| 만수 | 학교도 그만두고 음악도 그만두니 정말 완전 막 살았어요. 한마디로 밤낮이 바뀌었죠. 낮에는 자고, 밤이 되면 친구들과 술집을 찾아다녔어요. 이 술집 저 술집 다니면서 술만 진탕 마셨어요.

| 연구자 | 그 당시 술을 어느 정도 마셨는데?

| 만수 | 하루도 빠지지 않고 매일 마셨어요. 용돈이 넉넉한 날에는 술집에 가고 돈이 조금밖에 없을 때는 편의점에서 술을 잔뜩 사서 가격이 싼 노래방에 가서 마셨죠.

| 연구자 | 그렇게 술을 마시다 보면 돈이 떨어질 때도 있을 텐데?

| 만수 | 정말 부끄러운 얘기지만 돈이 없어도 술을 안 마실 수는 없어서 보통 새벽 2~3시쯤 문 닫은 가게에 저와 친구들이 몰래 문을 따고 들어가 술을 훔쳤어요.

| 연구자 | 그 정도였니? 그 정도면 심각한 알코올중독 수준인데.

| 만수 | 네. 그때는 단 하루라도 술을 마시지 않으면 가슴이 답답하고 마음이 너무 공허했어요. 그래서 일주일 내내 술을 마셨지요. 친구네 집에서 마시고, 중랑천에서 물결을 바라보며 마시고, 편의점 의자에 앉아서 마시고, 학원 건물 안에서 마시고, 아파트 계단에 앉아서 마시고, 심지어 술을 마실 장소가 마땅치 않을 땐 교회 안에 들어가 몰래 마신 적도 있었어요.

| 연구자 | 교회까지?! 정말 장난이 아니었구나! 그런데 만수야 그렇게까지 술을 마신 이유는 뭐니?

| 만수 | 꼭 술이어야 할 이유는 없지만, 뭐라도 내 속에 채우고 싶었어요. 술을 마시는 동안에는 감정이 좋아지고 나아지는 것 같았거든요.

| 연구자 | 뭐를 채우고 싶다고 했는데, 왜 채우고 싶은 거야?

| 만수 | 그냥 마음이 텅 빈 것 같고 계속 뭔가를 바라고 있었어요. 바라는 것이 뭔지는 잘 몰랐지만 뭐라도 자꾸 넣어서 채워야 한다는 생각이 들었어요.

| 연구자 | 공부를 포기하고 더 많이 방황하면서 술도 더 많이 마시고 놀았는데도 공허한 마음이 여전히 있었다는 말이구나! 그런데 그게 무엇으로 인해서 생긴 공허감 같니?

| 만수 | 더 많이 놀고 술도 더 마시면서 더 큰 쾌락을 느끼면 허전한 게 채워질 것이라고 생각했는데 채워지지 않았어요. 그래서 더 불안해지고 더 허전했어요. 목표가 없으니까 더 그랬던 것 같아요.

| 연구자 | 만수야. 더 큰 쾌락을 얻기 위해 학습은 하려고 했잖아? 그런데 왜 학습도 하지 않게 되었니?

| 만수 | 그렇게도 많이 생각했는데 그것은 학습할 목적이 되지 못했어요. 이미 쾌락을 누리고 있어서 굳이 더 큰 쾌락에 대한 필요성을 못 느꼈어요. 학습을 하게 되면 쾌락을 줄이고 잠시 인내해야 하는데 그것을 하기보다는 차라리 지금 현재 눈앞의 쾌락에 더 집중한 거죠.

| 연구자 | 더 큰 쾌락보다 눈앞의 쾌락에 최대한 집중한 거구나.

눈앞의 쾌락에만 집중하다

그렇게 학교를 자퇴하고 눈앞의 쾌락에 최대한 집중한 2년의 방황 기간에 만수는 주로 집 밖에서 살다시피 했다. 집은 옷을 바꿔 입을 때 혹은 너무 배고플 때만 갔다. 대략 한 달에 한 번 정도였는데 그때마다 그는 부모님에게 짜증부터 냈다. 그러다 보니 만수가 집에 오면 집 안

분위기가 침울해졌고 어둡게 변해버렸다. 그래도 만수의 부모님은 집에서 나가라는 핀잔 한 마디 없이 묵묵히 눈물로 기도만 하셨다. 만수가 드물게 집에서 자게 될 때면 부모님은 기다렸다는 듯이 만수 손과 다리를 어루만지며 기도를 해주셨다. 그리고 술과 담배 냄새에 찌든 옷들을 아무 말 없이 깨끗하게 빨아주셨다.

그때 만수의 모습은 하나님에 대한 믿음 혹은 신앙이 사라진 것처럼 보였다. 교회 안에서 술을 먹고 교회 주차장에서 담배를 피운다는 것은 하나님에 대한 신앙이 있는 사람으로는 하기가 쉽지 않은 일이다. 그의 방황은 점점 정도가 심해져 술을 훔치는 것으로까지 이어진다. 그 당시 만수는 무엇이 죄인지에 대해서도 무감각해졌고 자신의 욕망과 쾌락을 채우는 것이 삶의 1순위였다.

방황하면 할수록 동시에 만수는 심적으로 불안감과 공허감이 커졌다. 불안감과 공허감을 이기기 위해서 학습과 미래도 포기한 채 더 큰 쾌락만을 좇고 살았다. 더 큰 쾌락을 얻고 채워도 불안감과 공허감이 사라지기는커녕 더 커지는 것을 보고 만수는 이런 방식으론 더 이상 미래와 희망이 없겠다고 판단을 하였다. 부모님의 끊임없는 권유와 더 이상의 방황 속에서는 해답이 없다는 깨달음을 통해 <u>스스로 새로운 돌파구를 모색하기 시작했다</u>. 그러다 할머니와 부모님의 강한 권유로 하루 세 번의 예배를 드리며 철저하게 기독교 신앙을 전수하는 기독교 대안학교인 DLS로 들어가기로 결심을 하였다.

방황과 일탈에 깊게 빠진 학생들에게 적절한 돌파구를 만들어주거나 인도하는 것은 부모와 사회의 막중한 역할이다. 부모가 자녀들의 성적표가 아닌 내면의 상태를 파악하고 그러한 문제를 해결하기 위해 노력하는 것은 만수의 예에서도 보았듯이 매우 유의미한 역할이다. 부모의 이러한 인내와 강권은 청소년 방황의 문제를 해결하는 중요한 지침을 제시할 수 있다. 만수는 긴 방황과 불안의 단계를 마치고 이제 하나님을 만나기 위한 노력의 단계로 접어들게 된다.

하나님을 만나기 위한 노력

DLS에 입학하다

고3 때 자퇴한 후 미래를 기대하지 않고 현재를 즐기며 살아가는 만수에게 어머니께서 DLS를 권유했다. 그때의 만수는 '미쳤다고 거길 가나? 그냥 살던 대로 살다가 죽으면 되지. 그리고 왜 하필 많고 많은 학교 중에 기독교 대안학교야. 예수가 도대체 어디에 있는데?'라고 생각했다. 그래서 부모님에게 그곳에 가지 않겠다며 단호하게 거절했다.

부모님은 만수가 완강하게 거부했음에도 포기하지 않으시고 DLS에 갈 것을 강하게 권하셨다. DLS에 가서 만수가 하나님을 인격적으로 만나 새롭게 변화하길 간절히 원하셨다. 만수에게 DLS를 권유하는 동시에 부모님이 작성해야 할 DLS 입학지원서를 이미 다 기입하였지만 만수는 1년 정도 DLS 입학지원서 작성을 미루었다. 그 뒤로도 방황의 시간을 보내다가 스무 살이 돼서야 "DLS 한번 가볼게요"라고 나섰다.

| 연구자 | DLS에는 언제 입학한 거니?

| 만수 | 스무 살 9월에 들어왔어요.

| 연구자 | 고3 때는 완강하게 DLS에 가길 거부했는데 그때는 왜 지원서를 쓰고 싶은 마음이 생겼는데?

| 만수 | 사실은 입으로는 안 간다고 말하면서 마음 한구석에는 DLS 원서를 쓰고 싶은 마음이 있긴 있었어요. 그런데 고3 때 자퇴했을 당시는 내가 하고 싶은 대로 살고 싶은 마음이 더 크다 보니 막 지내다가 1년 넘으니까 DLS에 들어가고 싶은 마음이 좀 더 강해졌지요. 계속 쾌락을 좇으며 살다 보니 인생이 허무해지고 쾌락 속에 빠져 있다 보니 그 효과가 얼마나 일시적인지를 깨닫게 됐거든요. 그러면서 뭐라도 변해야 한다는 생각이 들어서 지원서를 쓰게 되었어요.

| 연구자 | 지원서는 너에게 어떤 의미였니?

| 만수 | 처음에는 이 지원서도 나에게 어떤 변화를 가져오지 못할 것이라고 생각했지만 지푸라기라도 잡는 심정으로 해보자 하는 뜻이 있었어요.

| 연구자 | 그런 생각이 들기까지 선생님이 볼 때는 부모님이 옆에서 끊임없이 너를 포기하지 않고 DLS에 들어갈 것을 권유하신 것 같은데?

| 만수 | 네, 제가 계속 안 간다고 해도 부모님은 계속 다시 한번 생각해보라고 권하셨어요. 그러면서 하나님을 만나면 변한다니까 정말 그런지 의심하면서

도 확인하고 싶고 가보고 싶은 마음이 들었어요.

|연구자| 그렇게 해서 지원을 하게 된 거구나!

|만수| 나중에 안 사실인데 진짜 지금도 그 생각을 하면 할머니께 죄송하고 감사해요. 우리 할머니가 저를 위해 3일 금식기도를 하셨는데 그때 할머니 나이가 75세였거든요. 놀라운 것은 할머니가 기도를 끝낸 날에 제가 제 입으로 DLS에 가보겠다고 했대요. 진짜 참 놀랍고도 신기하죠.

그런 과정을 거쳐 만수는 DLS 입학 1차 서류전형과 2차 면접을 통과하고 입학하게 되었다. DLS는 하루의 첫 시작을 말씀과 찬양으로 시작하고 하루 세 번의 예배 시간이 있다. 만수는 밖에서는 일주일에 한 번 예배를 드리는데 여기 DLS는 왜 굳이 하루에 세 번씩이나 예배를 드리는지 이해가 되지 않았다고 한다. 그래도 전과는 다른 삶을 살아보고 싶고 하나님이 실제로 살아 있는지 의문을 해결해보고 싶었기에 DLS 커리큘럼에 따라 하루에 세 번 꾸준히 예배드렸다. 각오하고 왔지만 현실은 너무 힘들었다. 지금까지의 그의 삶과 너무 달라서 적응하기가 누구보다 힘들었다. DLS에 입학하기 전에는 늘 손에 들려 있던 담배와 술잔이 생각났다. 예배드리는 것이 힘들어 다시 세상으로 달려가고 싶었다.

하나님을 만나기 위해 인내하며 몸부림치다

|연구자| 만수야, DLS 생활이 평소 너의 생활과는 너무 다르잖아. 그런데 너는 그것을 어떻게 참고 견뎠니?

|만수| 죽을 만큼 힘들더라고요. 처음에는 포기하는 심정으로 아무것도 안 하고 들어와서 그냥 있었어요. 그런데 싫어도 억지로 예배를 드리고, 설교말씀을 들어야 되는 환경이어서 차차 받아들이려는 마음으로 돌아선 것 같았어요. 그러면서 이런 생각이 들더라고요.

'지금까지 힘들 때마다, 무기력할 때마다, 삶의 의미가 없을 때마다 세상으로 달려갔고 세상에서 위로를 받았고 세상에서 즐거움을 얻었지. 하지만 그렇게 세상을 의지하며 살던 인생에는 결국 영원한 기쁨도, 위로도 없었어. 모두 다 일시적인 것이었어. 만약에 하나님이 살아계시다면 그분이 영원한 무언가를 주시지 않을까? 지금 당장 하나님이 믿어지지 않더라도 마음이 이렇게 공허할 때에 세상을 의지하지 말고 하나님을 의지해보자.' 이런 마음으로 하나님의 도우심을 구하기 시작했어요.

|연구자| 그렇구나. 네가 볼 때 그런 마음이 든 게 너의 의지이고 마음이라고 생각하니? 아니면 하나님이 도와주신 거라고 생각하니?

|만수| 그런 마음은 도저히 제가 생각할 수 없는 마음이었고, 마음에서 행동으로 옮길 때는 하나님이 주신 마음을 순종하려는 저의 마음이 작용한 것 같아요.

|연구자| 그러니까 하나님이 주신 마음과 그것을 순종하려는 너의 마음이 결

합해서 조금씩 마음 문을 열기 시작한 거네?

|만수| 네, 마음의 문을 열다 보니까 여태껏 느끼지 못하고 경험해보지 못했던 경험을 하고 보이지는 않지만 하나님이라는 분을 만나고자 하는 마음이 생기고, 그분이 계신 것 같고, 함께 예배를 드리는 아이들을 보고 말씀을 들으면서 나도 만나보자는 마음이 생겼어요. 함께 예배를 드리는 아이들이 하나님을 만나는 것을 보면서 나도 만나고 싶다는 생각이 들었어요.

|연구자| 하나님을 만난 아이들의 모습은 네가 볼 때 어떤 거 같니? 어떤 모습이었는지 좀 구체적으로 말해줄 수 있겠니?

|만수| 제 주변에서 절대 볼 수 없었던, 온 마음을 쏟아서 무언가를 드리고 있다는 것이 느껴졌어요. 그들의 표정과 예배를 드리는 모습 속에서 하나님에 대한 확신이 있다는 것을 느꼈고, 저 아이들도 바보가 아니고 다 정상인 사람일 텐데 저러는 것을 보면 하나님이 정말 계시는 것 같다고 생각했어요.

|연구자| 마음 문을 조금씩 열기 시작하면서 어떤 변화들이 생겼니?

|만수| 마음을 여니까 예전부터 혼자 채우려고 아무리 발버둥을 쳐봐도 채우지 못했던 부분이 지금껏 경험해보지 못한 것들로 채워지는 것이 느껴졌어요. 하나님의 사랑을 일부러 알려고 한 것이 아닌데 그 사랑을 느끼게 되었지요.

|연구자| 그런 사랑을 느끼면 공허함이 채워지니?

|만수| 네, 항상 예배를 드리고 난 후에는 그냥 참 감사했어요. 일시적인 것이 아니었지요. 술을 먹은 후에는 즐겁기도 했지만 한편으론 불안했거든요.

|연구자| 불안한 마음은 왜 들었는데?

|만수| 이렇게 살면 안 된다는 것을 무의식적으로 느꼈기 때문인 것 같아요.

| 연구자 | 예배를 드리고 나서 감사한 마음이 든 다음에는 한편으로 불안하지는 않았니? 술 마실 땐 기분 좋은데 마시고 나면 불안한 것처럼?

| 만수 | 불안하지 않았어요. 오히려 늘 가지고 있었던 불안감이 사라지기 시작했어요. 예전에 제가 불안했던 이유는 이 삶이 바르지 않았다는 데에서 오는 불안감이었는데 예배를 드리고 나서는 이 삶이 내가 가야하는 길이라는 확신이 들어서 불안감이 사라지기 시작했어요.

| 연구자 | 불안감이 사라진다는 것이 너에게는 큰 의미가 있니?

| 만수 | 쾌락 후에 오는 불안감은 결코 쾌락으로 없앨 수 없어요. 그런데 하나님을 만나고 나서 확신이 생겼어요. 이제는 내가 이 땅 가운데서 어떻게 살아야 하고 왜 살아야 하는지를 알게 되었고 바른 목표가 생겼기 때문에 그 목표를 따라 살면 된다는 안도감이 생겼어요.

만수는 쾌락으로도 채울 수 없었던 불안감을 극복하기 위해 '하나님과 만남'과 '하나님의 도움'을 구하기 시작했다. 예배시간에는 하나님 한 분만 바라보기 시작했다. 그러나 하나님을 만나기 위해 결심한다고 해서 바로 하나님을 만나는 것은 아니었다. DLS에 입학한 초기에 만수는 하나님에게 예배드리는 것이 너무 힘들어 여러 번 뛰쳐나가려 했다. 그동안 젖어 있던 음주나 흡연과 같은 쾌락의 문화와 습관을 끊어내기가 어려웠고 그러한 습관들이 끊임없이 만수가 하나님을 만나는 것을 방해했다. 만수는 포기하고 싶을 때마다 다시 세상의 방법으로는 자신의 공허감을 채울 수 없다는 것을 스스로에게 납득시키며 인내하고

또 인내하며 하나님을 만나는 것에 집중하고자 했다. 만수는 과거의 불안과 공허로 되돌아가지 않기 위해 하나님을 만나고자 몸부림쳤다고 한다.

성경은 만수가 하나님을 만나고자 결단하고 애쓴 것처럼 인간은 하나님을 만나고자 애쓰지 않으면 하나님을 만날 수 없다고 분명히 말한다. 예레미야 29장 13절(너희가 전심으로 나를 찾고 찾으면 나를 만나리라)에서 말하는 것처럼 인간이 전심으로 하나님을 찾고 찾을 때 만날 수 있다고 성경은 분명하게 이야기한다. 만수는 하나님을 만났다고 고백하는 다른 친구들이 가진 공통점을 '온 마음'이라고 말했다. 온 마음 즉 '전심'을 가지고 하나님을 찾는 모습이 '하나님과 만남'을 경험한 친구들에게 나타나는 공통된 모습이었다. 이 시기가 만수에게는 자신의 마음속에 있는 수많은 과거의 습관과 생각을 정리하며 하나님에게 온 마음을 드리는 몸부림의 기간이었다.

하나님과 만남

하나님의 사랑과 회심의 눈물을 경험하다

어느 날 만수는 찬양예배를 드리는데 예배 인도자의 말에 따라 '오늘 예배는 예수님만을 생각하기'로 작정했다고 한다. 그랬더니 갑자기 이유 모를 눈물이 흐르기 시작했다. 20년을 살면서 그렇게 울었던 적은 없었다. 누군가 만수를 안고 있는 듯한 느낌이 들며 마음속에 무엇인가 가득 차기 시작했다고 한다. 지금껏 경험해보지 못한 기분이었다. 그리고 익히 들어서 알고 있는 예수님의 십자가 사건이 마음속으로 믿어지고 받아들여졌다. 머리로 억지로 믿으려고 한 것이 아닌데 분명히 예수님이 자기의 죄 때문에 십자가에 죽으신 것이 믿겨졌다. 눈에서 흐르는 눈물이 멈추지 않았다. 알 수 없는 평안함과 마음속에서 뜨거운 감격과 기쁨이 교차했다. '아! 이것이 하나님의 사랑이구나! 아! 이분이 하나님이시구나. 하나님께서 나를 만나주신 거구나!' 만수는 그 순간을 잊을 수 없다고 고백한다.

| 연구자 | 그래도 안 보이잖아. 그런데 어떻게 하나님이 옆에 있다고 생각해? 진짜 하나님이 계시니?

| 만수 | 네, 정말 계세요. 저도 하나님이 없는 줄 알았거든요. 진짜 하나님 만난 그날의 감격을 말로 다 하지 못하는 것이 안타깝네요.

| 연구자 | 하나님을 만나게 되면 어떤 상태가 되니? 구체적으로 얘기해주렴.

| 만수 | 저도 이건 좀 신기한데 전에는 죄를 지어도 죄인지 모를 만큼 양심이 거의 마비된 상태로 살았는데 하나님을 만나고 난 뒤에 아예 생각이 뒤바뀌었어요. 나 자신만 생각했었는데 나를 위하여 몸 바쳐 피 흘리신 예수님을 생각하게 되고, 예수님을 믿게 되니까 나를 위해서가 아니라 예수님을 위해서 살아야 되겠구나 하는 생각이 들고 그게 오직 한 가지 길이란 것을 깨닫게 되었습니다. 그리고 제가 원래 눈물이 없던 놈이었는데 눈물이 많아졌어요. 저 같은

놈을 하나님이 만나주셨다는 생각에 길거리를 걷다가도 그냥 눈물이 나오고, 예배드리고 찬양할 때도 그냥 눈물이 흐르더라고요. 그리고 예전에는 예배드리는 것이 그렇게 싫어 DLS를 뛰쳐나가려고 했는데 이제는 예배시간이 기다려지는 거예요. 정말 말도 안 되는 변화죠. 그리고 하나님에 대해 욕하던 제가 하나님께 감사하게 됐네요.

불안감과 공허감이 사라지고
평안함과 기쁨을 맛보다

만수와 '하나님과 만남'에 대해 심층면담을 진행하면서 만수는 계속 어쩔 줄 몰라 했다. 하나님을 만났을 때의 감동과 감격을 어떻게 해서든지 표현하고 싶은데 언어로는 다 표현이 되지 않는다면서 안타까워했다. 계속 "아 진짜", "아~ 어떡하지" 하며 탄식하는 모습을 볼 수 있었다. 만수가 하나님을 만났다고 본인 입으로 말하는 것을 들으면서 교장 선생으로서 매우 반갑고 기뻤지만 연구자로서는 정말 만수가 '하나님을 만났을까?' 하는 의구심이 들었다.

하나님을 만나기 전의 불안과 방황의 단계는 분명하게 눈으로 볼 수 있고 묘사하기가 쉽다. '하나님과 만남' 이후 변화의 단계 역시 만나기 전과 변화된 모습이 실제로 나타나기에 연구하고 설명하기가 '하나님과 만남'의 단계보다 훨씬 용이하다. 그러나 인간이 하나님을 만난다는 것이 과연 가능한 일일까? 과연 하나님은 존재하는가? 하나님은 도대체 어떤 존재인가? 하나님에 대한 이러한 물음은 역사 이래 존재해왔고 지금도 지속되고 있다.

그동안 만수는 모태에서부터 교회를 다녔지만 만수의 죄 때문에 예수가 십자가에 죽고 자신의 죄를 용서해줬다는 내용이 도무지 믿어지지 않았다. 2000년 전의 외국사람 예수가 죽은 것이 어떻게 자신의 죄를 용서할 수 있는지에 대해 도무지 이해가 되지 않았다. 이 문제는 하나님을 만나지 못한 모든 사람이 다 궁금해하는 물음이다.

만수도 마찬가지였다. 수없이 많이 이런 내용을 들었지만 마음속에는 의심과 반발심이 가득했다. 하지만 하나님과 만난 순간 예수의 죽음이 자신의 죄 때문이었다는 것이 믿어졌다. 한순간에 그 모든 내용을 마음속 깊이 받아들이고 자신의 죄인 됨을 처음으로 깨달았다. 그리고 태어나서 처음으로 펑펑 계속 눈물을 흘렸다. 그동안 늘 불안하고 초조하고 공허한 마음이 사라지고 알 수 없는 평안과 뜨거운 감격과 기쁨이 마음속에 차올랐다. 만수는 지금도 그때의 그 감격을 잊을 수 없다고 한다. 만수는 이것을 '하나님과 만남'이라고 확신하고 있었다.

하나님과 만남에서 기쁨과 경외로

만수는 그동안 술을 훔치는 것을 죄로 여기지 않을 정도로 양심이 마비된 상태였다. 만수는 자신이 죄인이라고 전혀 생각하지 않았고 죄가 뭔지도 생각하지 않고 살았다. 그런 만수가 '하나님과 만남'을 통해 자신이 얼마나 끔찍한 죄인인지 깨달았다. 그리고 자신 같은 '죄인을 위해 죽으신 예수님을 위해 남은 인생을 살아야겠다'는 생각이 계속 들었다. 학교에서 예배를 드리고, 학습을 하거나 길을 걸을 때도 그냥 저도 모르게 눈물이 나오고 자기를 위해 죽은 예수님께 감사했다. 예배시간이 싫어 학교를 뛰쳐나가려 했던 만수가 이제는 예배시간이 기다려진다고 말했다. "하나님이 어디 있냐? 하나님 없다"고 욕했던 만수가 '하나님의 존재'를 인정하고 하나님께 감사하는 만수로 변했다. '하나님과 만남'을 통해 만수는 천국과 지옥이 확실히 있다고 확신하게 되었다. 아무리 들어도 믿겨지지 않던 내용이 하나님을 만나고 저절로 그 내용이 믿어졌다. 불안하고 초조한 마음 대신 말로 다할 수 없는 평안함이 만수의 마음속에 넘쳐났다.

 만수는 하나님을 만나기 전에는 늘 마음이 불안하고 공허하고 미래에 대한 두려움이 많았다. 그런 그가 하나님을 만나고 나니 가장 먼저 마음이 너무 평안했다고 한다. 하나님이 주는 평안함을 경험한 그는 오랫동안 그를 억누르던 불안감과 공허감과 두려움이 하나님을 만남과 동시에 사라지는 경험을 했다고 고백한다. 비교종교학 연구를 하면서 배웠던 루돌프 오토Rudolf Otto는 그의 책 《성스러운 것Das Heilige》에서 인간이 '하나님, 절대자 혹은 성스러움'을 만났을 때 크게 두 가지 복합된 감정을 느낀다고 말한다(Rudolf Otto, 2009). 환희와 경외이다. 하나님을 만나 말할 수 없이 기쁘면서도 동시에 하나님에 대한 말할 수 없는 두려움과 경외감이 동시에 발생한다. 만수는 하나님과 만나면서 세상에서 경험해보지 못한 기쁨을 느꼈다. 그와 동시에 하나님을 경외하는 마음이 들면서 앞으로의 인생을 하나님을 위해 살기로 결심했다.

만수는 '하나님과 만남'을 통해 기쁨과 경외를 경험하고 이 두 가지 외에 지금까지 경험하지 못했던 평안함을 느꼈다. 그가 하나님께 받은 평안함은 그가 지금까지 빠졌던 어떤 술이나 세상의 쾌락으로도 얻을 수 없는 것이었다.

변화와 결실

내 인생의 주인

| 연구자 | 그러면 하나님을 만나고 나서 어떤 식으로 변화가 찾아오기 시작했니?

| 만수 | 하나님을 만나고 나서의 변화는 일단 목표지점이 생겼기 때문에 가야 될 올바른 길을 확실히 알게 되었습니다.

| 연구자 | 올바른 길을 확실히 알게 됐다. 그다음은?

| 만수 | 벗어나지 않고 내가 가야 될 곳을 알기 때문에 무엇을 해야 하는지 어떻게 이 세상에서 살아가야 하는지를 알게 되었습니다.

| 연구자 | 무엇을 해야 하고 어떻게 세상을 살아가야 하는지를 알게 됐구나. 그다음에는 어떻게 됐니?

| 만수 | 알게 되니까 그 길로 갈 수밖에 없게 되었습니다.

| 연구자 | 갈 수밖에 없었어? 그다음에 어떻게 가면 되는데?

| 만수 | 길이 없었는데 길을 열어주신 분이 십자가에 달리신 예수님이기 때문에……

| 연구자 | 그래서 너는 어떤 길을 가게 되었는데?

| 만수 | 저는 이제 내 삶의 주인은 내가 아니고 주님께 모두 맡겨드리고, 모든 것이 주님 중심으로 돌아가야 된다고 생각합니다.

만수는 지금까지 자신의 인생은 자신의 것이라 여기고 자신만을 위해서 살았다. 하나님을 위해 살기로 결심하고 그것을 실천하는 것은 그에게는 있을 수 없는 일이었다. 그런 만수가 자신의 삶의 주인이 하나님이고, 자신의 삶을 자기 중심이 아닌 하나님 중심으로 살아야 한다고 고백한다. 하나님을 만나지 못한 평범한 인간이 자신을 하나님의 종으로 받아들이는 것은 불가능하다. 만수는 지금껏 자신을 하나님의 종으로 생각해본 적도 없고 하나님을 부인하고 하나님을 욕하기까지 했다. 그런 만수가 자신을 하나님의 종으로 여기고 하나님을 인생의 주인이라고 고백하는 것은 매우 큰 변화라고 할 수 있다.

포기한 학습을 다시 시작하다

|연구자| 그래 그렇게 마음가짐을 정했어. 근데 마음가짐을 정하는 것과 실천은 다르잖아.

|만수| 네. 근데 마음가짐이 적당한 정도가 아니고 온 마음을 다한 것이면 바로 행동으로 옮길 수 있는 것 같습니다.

|연구자| 너의 지성과 감성과 의지 모든 것을 드려서 온 마음으로 결단을 하게 되니까 행동이 따라오게 되었어? 어떤 행동을 하게 되었는데?

|만수| 그동안 학습을 안 하고 포기했는데 하나님을 만나고 나니까 왜 해야 되는지 뚜렷한 이유를 알게 되었습니다. 그때부터 학습을 열심히 하기 시작했어요.

|연구자| 얼마나 열심히? 예전에는 학습을 아예 안 한 거였지?

|만수| 네. 예전에는 학습을 아예 안 했어요. 그때는 왜 학습을 해야 되는지 몰랐고, 의욕이 없고. 해야 할 이유가 없기 때문이었지요.

|연구자| 이유가 생기고 하루 몇 시간씩 학습했는데?

|만수| 제가 하나님 만나고 나서는 식사시간, 예배드리는 시간 잠자는 시간 이외에는 계속 도서관에 있었습니다.

|연구자| 하루 열 시간 이상 책상에 앉아 있는 거네?

|만수| 네 그렇습니다.

만수는 고등학교 시절부터 스무 살까지 학습을 포기하고 방황하

며 살았다. 학습에 대한 의욕도 사라졌고 학습을 해야 하는 목표도 없었다. 그런 만수가 하루 열 시간 이상 책상에 앉아 있다는 것은 사실 쉽게 일어날 수 있는 일이 아니다. 술로 불안과 공허감을 달래던 만수가 하나님의 종이 되기 위해 하나님이 사용하는 준비된 일꾼이 되기 위해 학습을 다시 시작한다는 것은 눈에 보이는 매우 선명한 변화의 모습이다. 학습습관을 몸에 잘 익힌 사람도 하루 열 시간 이상 앉아 있는 것은 쉬운 일이 아니다. 만수처럼 학습습관은커녕 오히려 술과 여러 쾌락 습관에 상당 기간 젖어 있던 학생이 하루 이틀도 아니고 3개월 이상 꾸준히 책상에 앉아서 학습을 하고자 몸부림치는 모습은 하나님을 만난 학생이 보여줄 수 있는 매우 독특한 모습이라 말할 수 있다.

의심과 인내의 시간을 지나다

| 연구자 | 만수야, 좀 미안한 질문인데 너 하나님을 만났다고 착각하고 있는 건 아니야? 너무 절박하고 힘들고 공허하니까 네가 만들어낸 거 아니니?

| 만수 | 그런 건 아닙니다. 의심의 순간이 많았는데 그 순간을 통해서 더 믿음이 확실해졌습니다.

| 연구자 | 하나님을 만났다고 해서 의심이 아예 안 생기는 건 아니네?

| 만수 | 네. 중간중간에 끼어드는데 그 의심은 내가 만들어낸 의심이더라고요.

|연구자| 네가 만들어낸 의심? 구체적으로 어떻게 의심이 들었는데?

|만수| 예를 들어서 "하나님! 이 기도제목을 놓고 기도했는데 왜 주지 않습니까?" 또는 "지금 이렇게 내 삶이 힘든데 하나님은 어디 계시고 나를 왜 여기서 빼내주지 않습니까?" 이런 것들이었어요.

|연구자| 그런데 하나님은 너 DLS에서 안 빼줬잖아.

|만수| 네.

|연구자| 그럼 하나님이 안 계신 거네? 응답을 안 해줬으니까.

|만수| 아니에요, 계속 남게 해주신 게 하나님의 뜻이었습니다.

|연구자| 아 그랬어? 기도를 했는데 응답을 안 해주면 하나님이 안 계시는 거 아니야?

|만수| 응답이 꼭 제가 원하는 답으로만 나와야 하는 건 아니니까요. 얼마 전에 설교를 들었는데 무응답도 응답이라고 말씀하시더라고요.

|연구자| 응답이 무조건 YES만 있는 게 아니라 다양한 형태, 뭐 NO도 있고 아직 가만히 계시는 것도 응답이라는 그런 뜻이야?

|만수| 네.

이렇게 인내하며 잘 견디던 만수에게도 의심은 순간순간 다양한 모습으로 찾아왔다. 가장 많이 드는 생각은 그가 지금 하고 있는 학습이 다 헛된 것이 아닐까 하는 것이었다. 만수처럼 오랜 기간 학습을 포기했던 학생이 대학수학능력시험을 대비하는 어려운 시험학습을 다시 시작한다는 것은 매우 어려운 일이다. 고등학교 때부터 4년여를 술과

흡연 등으로 방황하며 학습을 포기했는데 고등학교 1학년 과정부터 다시 학습을 시작했으니 쉬울 리가 없었다. 그렇다 보니 끊임없이 의심과 부정적 생각이 들어왔다고 한다.

'과연 내가 지금 한다고 되겠어. 이미 늦은 것 같은데. 이렇게 하루 열 시간 미친 짓 하는 건 아닐까? 해봤자 헛수고 아닐까? 헛된 일 아닐까? 난 뭐 하고 있는 거지.'

그런 의심 가운데 만수는 또 다른 의심을 하게 된다.

'내가 이렇게 힘들게 생활하고 있는데 하나님은 왜 나를 이런 곳에서 빼내주지 않는 거지. 하나님이 이제 나를 안 좋아하시나?'

이런 여러 가지 의심들이 떠오르면서 만수는 학습하기가 더욱 어려워졌다. 그래서 포기하고 싶은 마음이 들었지만 만수는 그런 의심의 마음이 들 때마다 자신의 마음을 다잡고서 하나님께 기도했다. 그러면 다시 하나님의 사랑과 평안함이 몸과 마음을 강건하게 채워주셨고 그는 다시 열심히 학습했다. 의심이 날 때마다 다시 하나님께 도와달라고 부르짖으며 기도했고, 하나님을 깊이 만나서 하나님의 평안과 기쁨으로 안정을 찾았다. 그리고 책상에 앉아 학습에 집중했다. 이러한 의심과 인내의 단계 과정을 반복하면서 점차 만수는 비 온 뒤에 땅이 다져지듯이 조금씩 신앙이 다져지고 실력도 쌓여가기 시작했다.

> 회복과 결실

대학에 우수한 성적으로 합격하다

만수는 의심과 인내의 단계를 거쳐 회복과 결실의 단계에 도달했다. 우선 만수는 하나님과의 관계를 회복했다. 하나님이 없다고 말하며 하나님을 모욕하면서 그동안 하나님을 멀리했고 떠났었다. 그런 만수가 이제 하나님을 삶의 주인으로 모시고 하나님의 아들 예수가 십자가에서 자신을 위해 피 흘려주심으로써 자신의 죄가 용서받음을 고백했다. 자신과 하나님 사이에 막혀 있던 죄의 담이 예수의 피로 허물어지고 하나님과 자신의 관계가 다시 회복됨을 느꼈다.

성경 에베소서 2장 13절과 14절과 16절(13. 이제는 전에 멀리 있던 너희가 그리스도 예수 안에서 그리스도의 피로 가까워졌느니라 14. 그는 우리의 화평이신지라 둘로 하나를 만드사 중간에 막힌 담을 허시고 16. 또 십자가로 이 둘을 한 몸으로 하나님과 화목하게 하려 하심이라 원수된 것을 십자가로 소멸하시고)은 예수의 피로 죄인 된 인간과 하나님 사이의 막힌 죄의 담을 헐어버리고 관계가 회복되었음을 말한다. 만수는 '하나님과 만남'을 통해 하나님의 존재를 부정하고 하나님을 미워하고 무관심하던 관계에서 하나님을 사랑하고 하나님과 화목하는 관계로 회복되었다.

하나님을 만나고 관계가 회복되면서 그에게 많은 변화가 찾아왔다. 포기했던 학습을 처음부터 차근차근 다시 하게 되었다. 학습에서 손을 놓은 만수가 1년 동안 평생 처음으로 하나님께 영광을 돌리기 위해 열심히 학습했다. 만수는 하루 열 시간 이상 책상에 앉아 있기가 힘들어도 기도하고 참고, 의심이 생겨도 기도하며 참아냈고, 도저히 할 수 없을 것이라는 부정적 생각이 들 때마다 기도하며 노력하며 학습을 지속해나갔다. 만수 말을 빌리면 목숨 바쳐 죽도록 학습했다. 그 결과 1년 정도 지난 만수의 성적은 괄목상대하게 된다. 대학수학능력시험에서 수학 1등급, 외국어 3등급, 국어 3등급이라는 기적 같은 점수를 받았다. 고등학교 3년과 스무 살 때의 방황까지 합치면 4년 정도 학습 공백이 있었음에도 불구하고 1년여의 학습을 통해 9등급인 성적에서 이렇게 성적을 올릴 수 있는 것은 흔치 않은 일이다.

만수는 서울 소재의 일반 대학교에 들어갈 수 있었음에도 불구하고 자신처럼 방황하는 청소년들에게 하나님을 소개하고 하나님을 전하고 싶어 우수한 성적으로 신학대학교에 입학했다. 그의 놀라운 성적 향상과 신학과 합격을 통해 주변 수많은 사람이 하나님의 살아계심을 인정하게 되었다.

하나님과 사랑에 빠지고 관계가 회복되면서 부모님과의 관계도 회복되었다. 하나님의 사랑을 알게 되면서 부모님의 사랑 또한 깨달았다. 항상 부모님께 투정을 부리고 짜증만 냈던 만수는 하나님께 받은 은혜에 대해 부모님과 이야기하는 사이로 발전했다. 지금까지 그는 자신같이 부족한 자식을 위해 눈물로 기도하시는 부모님이 이해되지 않았다. 그러나 자기를 살리기 위해 하나님의 아들 예수님을 죽게 하신 하나님을 만나고 보니 기도하시는 부모님의 마음을 알게 되고 부모님께 정말 감사한 마음이 들었다. 만수는 지금껏 부모님 가슴에 못 박은 것을 생각하면 가슴이 많이 아팠다. 이제부터 부모님의 가슴에 깊숙이 박혀 있는 못을 빼내는 아들이 되겠다고 결심했다.

만수가 변화된 후 사람들은 종종 그에게 물었다.

"네가 그렇게 인생의 동반자처럼 여기던 술은 어떻게 끊었니? 항상 우울한 상태로 또는 광기를 띠며 술 마시던 너의 모습은 도대체 어디로 간 거니? 어떤 것에 홀렸기에 너의 모습이 이렇게 바뀔 수 있니?"

그러면 만수는 웃으면서 당당하게 이렇게 말할 수 있게 되었다고 한다.

"예수님을 만나면 됩니다. 예수님을 뜨겁게 사랑하면 됩니다."

예수님을 만나기 전에도 만수는 건강이 걱정되어 스스로 술과 담배를 끊으려고 여러 번 시도했다. 하지만 술과 담배의 유혹은 끈질기고 달콤해서 이기지 못해 매번 그 결심이 꺾였다. 돈을 준다 해도 술과 담배를 끊지 못했고 "미래를 생각해서 끊으라" 해도 끊지 못했고 스스로 결심해도 끊지 못했다. 술과 담배가 자기 몸의 일부가 된 것 같았다. 어떤 방법을 동원해도 끊지 못하던 이 고질적인 문제를 오직 하나님 한 분을 만나면서 끊게 되었다. 술과 담배보다 더 큰 하나님의 뜨거운 사랑을 맛보았기에 더 이상 술과 담배의 유혹에 목이 마르지 않았다. 아무리 노력해도 끊을 수 없었던 문제가 하나님을 만나고 하나님을 사랑하게 되면서 완전히 해결이 되었다고 그는 고백한다.

술 대신 성령에 취하다

| 연구자 | 만수야, 정말 하나님 만나면 술과 담배를 끊을 수 있니? 혹시 꼭 하고 싶은 말이 있니?

| 만수 | 정말 끊을 수 있어요. 저는 술을 안 마시면 도저히 살 수 없는 알코올중독자였잖아요. 오죽하면 술을 훔쳤겠어요. 그런 저도 하나님 만나니까 거룩한 하나님에 취해 끊을 수 있게 되었어요. 성경에는 술 취하지 말라고 이것이 방탕한 것이라고 나와 있어요. 대신 거룩한 하나님 영인 성령에 취하라고 나와 있어요. 정말 그동안 매일 술 취한 채 방탕하게 살았는데 하나님 만나고부터 성령에 취하더라고요. 그리고 인생이 바뀌었어요. 하나님을 만나면 정말 끊을 수 있어요.

만수는 이제 누구를 만나도 당당하게 이야기할 수 있게 되었다고 말한다.

"끊지 못하는 문제들이 있습니까? 하나님을 찾으세요. 그리고 만나세요. 하나님과 사랑에 빠지세요. 변화하기에 하나님 한 분이면 충분합니다. 오직 하나님만이 변화를 가져오실 수 있습니다."

만수는 방황하던 동안 내내 하루도 거르지 않고 마시던 술, 없을 땐 훔치기까지 했던 술을 이제는 더 이상 찾지 않는다. 하나님을 만난 이후로 한 잔도 마신 적이 없다고 만수는 얘기했다.

만수는 성경 에베소서 5장 18절(술 취하지 말라 이는 방탕한 것이니 오직 성령의 충만을 받으라)에서 술 취하지 말고 오직 성령의 충만을 받으라는 말씀을 순종하기 위해 몸부림쳤다. 술을 마시고 싶은 생각이 들면 하나님께 더욱 큰 소리로 부르짖어 기도하여 성령 하나님의 충만을 받았다. 만수는 심층면담을 마무리하면서 연구자에게 다음과 같은 글을 주었다.

선생님

심층면담을 통해 참 많은 생각을 할 수 있었습니다. 가장 감사한 것은 하나님의 사랑을 다시 생각할 수 있게 되었다는 것입니다. 저는 DLS에 들어와 하나님을 만나게 되었고 제 마음의 공허함을 채울 수 있는 근본적인 원천이 하나님이라는 것을 깨달았습니다. 지금껏 마음의 공허함과 갈급함을 채우지 못했던 것은 지금까지 저에게 하나님이 없었기 때문이라는 사실을 깨달았습니다. 저는 하나님을 만나게 되면서 저의 궁극적인 필요와 갈급함을 채워줄 상대를 만나게 되었습니다. 바로 하나님이십니다. 그리고 저를 사랑하십니다. 하나님은 제가 잃어버렸던 꿈과 비전과 의욕과 열정을 다시 살리셨습니다. 저는 삶의 목표가 생겼고 왜 살아야 하는지 삶의 이유를 깨닫게 되었습니다. 지금껏 잃어버리고 살았던 희망을 발견했습니다. 그래서 지금까지의 삶을 과감하게 버리고 새 삶을 살 수 있게 되었습니다. 지금까지 저는 제 뜻대로 삶을 살았습니다. 즐거움과 쾌락을 위해 살았습니다. 그러나 이제부터는 남은 인생을 하나님을 위해 살겠습니다.

질적 연구를 통해 연구자는 연구 참여자와의 인격적인 상호작용을 통해 성장하고 배움을 다시 깨달을 수 있었다. 글을 쓰는 지금 이 순간에도 만수의 환한 미소가 생각난다. 온몸이 땀범벅 눈물범벅이 되도록 뜨겁게 찬양하고 기도하는 만수의 모습이 눈에 선하다. 누가 그 모습을 보고 매일 소주 여섯 병을 먹었던 사람이라고 생각할까? 만수의 짧은 '하나님과 만남 생애사'를 통해 '하나님과 만남'이 방황하는 청소년들이 방황을 끊고 중독을 끊을 수 있는 삶의 원동력이 될 수 있고 새로운 삶의 목적과 비전을 줄 수 있음을 더욱 깊이 확인할 수 있었다.

음란물 중독과 우울증으로 자살을 꿈꾸던 소년,

하나님 앞에서
새로운 생명을 찾다

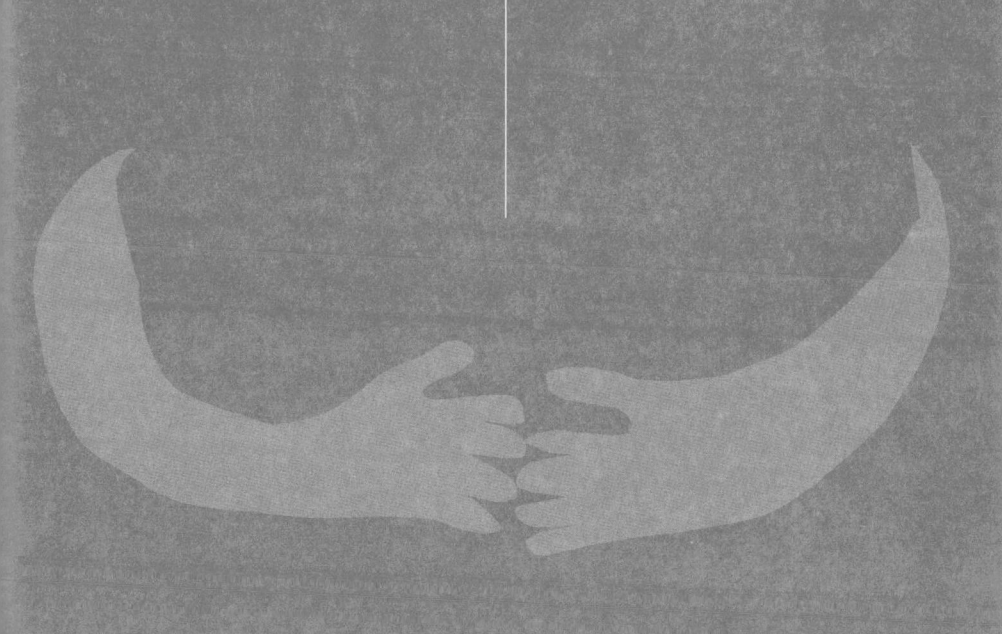

올해 재수생인 준호는 약 6개월 전에 DLS에 입학하여 재수를 하고 있는 중이다.

그는 초등학교 때 우연히 본 음란물로 인해 생각지도 못한 인생의 여러 굴곡을 경험했다. 음란물과 고어물* 에 중독되고 우울증에 자주 시달렸다. 그러던 중 친구 문제까지 겹쳐서 자살까지 꿈꾸는 등 아주 힘들고 어렵게 청소년 시절을 보냈다.

그랬던 그가 재수 기간 '하나님과 만남'을 통해 이전과는 아주 많이 다른 새로운 삶을 살고 있다. 그는 매일 예배시간에 온몸이 땀에 젖고 바닥에 굵은 눈물을 뚝뚝 떨굴 정도로 하나님께 온 힘을 다해 전심으로 기도하고 하나님과 매일 교제하며 그의 삶을 온전히 하나님께 드리고자 애쓰고 있다.

- 고어물은 사람을 잔혹하게 죽이고 시신을 훼손하는 사진이나 영상을 말한다.

그의 기도하는 모습, 찬양하는 모습을 보면 '하나님이 정말 살아계시다'는 것을 너무나 생생하게 느끼게 만드는 특별한 친구이다.•

방황과 불안

준호는 모태신앙으로 태어났지만 하나님을 만나기 전 스무 살까지 많은 방황과 혼란 속에서 살았다. 그는 사촌형이 술을 마시고 외할아버지에게 시비 거는 모습과 친할아버지가 술로 인해 몸 한쪽이 마비된 모습을 보면서 술은 절대 입에 대지 않기로 어려서부터 다짐했다. 담배는 냄새 자체가 싫었고, 사람들이 왜 담배를 맛있다고 하는지 이해되지 않았다. 담배 역시 청소년 시절에 전혀 하지 않았다. 또 누나가 잠시 가출하는 모습과 그 이후의 결과가 매우 좋지 않은 것을 보고 가출하고 싶은 마음이 들 때마다 단념했다. 어렸을 때부터 폭력을 매우 싫어했다. 부모님이 싸우는 것을 어려서부터 너무 많이 보았고 그때마

• 준호를 제외한 나머지 연구 참여자들은 최소한 1년 이상 '하나님과 만남'을 지속하고 하나님의 준비된 일꾼이 되기 위해 훈련하는 학생들이다. 준호의 경우 1년은 되지 않았지만 음란물, 고어물 중독과 우울증과 자살 시도 같은 다양한 문제가 있어 그 문제를 해결하고자 DLS에 들어와 진실하게 하나님과 인격적인 만남을 가졌고 지금도 하나님과 잘 교제하며 그 관계를 유지하고 지내기에 '하나님과 만남'을 잘 보여줄 수 있다고 판단하여 연구 참여자로 선정하게 되었다.

다 부모님은 그에게 누구와 살 것인지 물었다. 너무나 두려운 순간이었다. 그런 기억이 점점 쌓이면서 그는 폭력도 매우 싫어하게 되었다. 싸움을 하는 것이 싫었고 싸움에 관심조차 두기가 싫었다. 그렇게 나쁜 것들을 피해온 그가 특별히 약한 부분이 있었다. 그것은 음란물이었다.

| 연구자 | 준호야, 너는 언제부터 음란물을 보기 시작했니?

| 준호 | 아직도 기억이 생생한데 초등학교 4학년 때입니다.

| 연구자 | 그렇구나! 어떻게 보게 되었니? 좀 더 자세히 설명해주겠니?

| 준호 | 그때 당시에 학교 숙제로 직업 조사를 하던 중에 어떤 직업을 검색했는데 정말 우연히 모니터에 여자 상반신 누드 이미지가 나왔어요. 그때 곁에 누가 있었으면 바로 지웠겠지만, 혼자 있으니까 뭔지 궁금했고 더 보고 싶었어요.

초등학교 4학교 때 준호는 처음으로 음란물을 접했다. 아주 우연히 시작되었지만 점차 그것에 빠져들기 시작했다. 음란물을 보는 것은 그에게 온갖 나쁜 짓의 시작이었다. 우선 부모님께 음란물을 본 것을 감추기 위해 거짓말을 하고, 비밀번호로 잠겨 있는 컴퓨터를 어떻게 몰래 사용할까 고민하기 시작했다. 음란한 사진과 영상을 보면서 어떻게 하면 더욱더 야한 것을 찾을 수 있을까를 궁리하게 되었다. 우연히 시작했지만 그 뒤로는 그의 의지로 음란물과 연관된 단어들을 찾고 사

이트를 찾았다. 그 당시 준호는 학교에서 착한 아이 이미지를 갖고 있어서 그것을 유지하려고 친구들과 교회 등 모든 사람에게 음란물을 보지 않는다고 거짓말했다.

그렇게 1년을 지내면서 준호는 자위라는 행위를 특별히 배우지 않았지만 스스로 하게 되었다. 그는 자위의 쾌감을 알게 되면서 더욱더 음란물을 찾아보게 되었다. 학교 다녀오면 잠자기 전까지 자위를 해서, 거의 밥 먹는 횟수만큼 많이 하게 되었다. 초등학교 6학년 때 스마트폰을 사용하게 되면서 음란물을 더욱더 많이 보게 되었다. 언제든지 스마트폰을 들고 다니며 음란물을 보게 되면서 심지어 교회에 가서도 자위를 했다. 가끔 부모님께 들켜 매우 호되게 혼나기도 했다. 그러나 그것으로 음란물을 끊지는 못했다. 그런 가운데 주위 사람들한테는 착한 모습만 보이려 노력하면서 스스로 이중적인 모습에 지쳐갔다. 그 당시 주위 사람들은 준호를 보면서 "저 아이는 왜 저렇게 불편한 얼굴을 하고 있을까" 하며 안타까워했다.

음란물에 중독되다

중학교에 입학한 뒤 상황이 더 악화되기 시작했다. 준호는 초등학교를 졸업하고 누나의 고등학교 진학 때문에 이사를 가야만 했다. 새로운 지역에서 모르는 친구들과 함께 중학교에 입학했다. 처음에는 좀 적응하기가 힘들었지만 몇 개월 지난 뒤로는 친해졌다. 그런데 중학교 생활은 초등학교와 달랐다. 중학교 친구들은 욕을 그냥 아무렇게나 하고 음란물을 보고 음란한 말과 행동을 하는 것이 일상인 것처럼 했다. 그때부터 그도 숨김없이 대놓고 즐기기 시작했다.

| 연구자 | 준호야, 왜 그렇게 막 나가게 되었니?
| 준호 | 더 이상 친구들 앞에서 뭔가 숨길 필요가 없었으니까요. 괜히 좀 착한 척해서 왕따당하고 친구들과의 이야기에서 배제되는 것이 더 싫으니까 그저 친구들이 하는 것처럼 어울리기 시작했습니다. 그리고 그런 게 이야깃거리니까 내가 뭔가 그 음란물을 더 알면 뭔가 앞서가는 느낌 그런 유치한 생각에 빠져 살았습니다.

그렇게 친구들과 어울리면서 그는 점점 더 음란물을 많이 보게 되고 더 자극적인 것을 추구하게 되었다. 그렇게 음란물에 깊이 중독되면서 보통 사람들이라면 관심을 가지지 않을 게이 포르노나 레즈비언 포르노도 접하게 되었다. 그런 것을 접하고 난 뒤 말과 행동이 더 과격해지고 정상에서 벗어나기 시작했다. 친구들과 나누는 대화의 주된 내용은 "어떤 음란물 배우가 어떻고, 어떤 사이트가 정보가 많고 너는 얼마나 크냐"였다. 친구들과 친구들의 성기를 때리고 만지고 도망치며 놀기도 했다.

밤에 집에 돌아가면 부모님 몰래 핸드폰으로 음란물을 보면서 자위를 했다. 너무 자주 많이 하게 되면서 부모님도 눈치를 채셨다. 부모님은 "너 그런 짓 하다 보면 키 안 큰다. 그리고 공부 못한다" 하면서 주의를 주었다. 그러나 벌써 중독이 된 상태라서 그런 잔소리는 통하지 않았다. 날이 갈수록 더 심해질 뿐이었다. 그렇게 생활하게 되면서 교회에서 예배를 드려도 말씀이 들려오지 않았다. 그냥 매주 예배시간마다 졸았다. 그로 인해 부모님은 서로를 탓하며 많이 싸우셨다. 그럴 때는 준호도 잠시 정신을 차리고 음란물을 끊으려고 노력했다. 그렇지만 다시 시간이 지나면 또다시 음란물을 보고 자위를 했다.

고어물 중독과 자살 시도

고등학교에 입학하고 나서 준호는 더 무너지기 시작했다. 중학교 때만 해도 그다지 별다른 노력을 하지 않아도 전교 20등 안에는 항상 들었는데 고등학교에 입학한 후 보는 시험마다 거의 전교 등수가 끝에서 50~100등에 머물렀다. 심할 때는 끝에서 2등도 했다. 그렇게 성적이 최하위권이 되면서 자연스럽게 열등감이 생겼다. 성적은 바닥이었지만 친구관계는 나름 원만했다. 고등학교 1학년이 끝난 후 한 친구가 갑자기 방황하기 시작했다. 친구의 방황과 더불어 그의 생활도 급변하기 시작했다.

| 연구자 | 그 친구가 갑자기 방황하는데 왜 너의 생활도 급변한 거니? 무슨 특별한 이유가 있니?

| 준호 | 그 친구가 그냥 방황한 것이 아니라, 제일 친했던 저를 지목해 제가 너무 이기적이고, 위선적이라서 죽어버렸으면 좋겠다는 말을 남기고 연락을 끊어버렸거든요. 학교는 자퇴했지만, 제 친구들 중에 가장 건전하고, 정상적인, 그리고 서로 고민을 들어주던 친구였기에 충격이 그만큼 컸습니다. 왜 나에게 그런 비난을 했을까……. 너무나 괴롭고 슬펐습니다. 붙잡을 것이 아무것도 없었습니다.

그의 친구들은 별로 심각하게 받아들이지 않았다. 그냥 "걔가 원래 좀 모자라잖냐? 사춘기야! 덜떨어진 놈" 하며 넘겨버렸다. 주변 친구들은 그 친구 이야기하는 것을 별로 좋아하지 않아서 준호는 혼자 마음 무겁게 지내다 그 친구가 학교를 자퇴한 지 몇 달 뒤에 우연히 그 친구를 보게 되었다. 완전 노숙자 같은 모습이었다. 도서관 의자에 앉아서 거의 몇 달은 관리 안 한 어깨까지 내려오는 긴 머리에 덥수룩한 턱수염과 콧수염을 기른 채 그림을 그리고 있었다. 지나가는 사람이 그를 흘깃하고 볼 때마다 그는 킬킬거리며 웃었다. 눈이 마주쳐서 인사를 할 수밖에 없었다. 그는 마음이 불편했다. 그런데 더 큰 문제는 준호가 그 친구를 걱정하거나 붙잡지 않았다는 것이었다. 그때 그는 친구에게 "너 맘대로 살라"고 말했다. 너무 자연스럽게 말하는 자신을 보고 준호는 큰 충격에 빠졌다.

"난 그 아이를 친구로 생각했는데, 나의 입에서 이런 말이 나오니까 내가 진정 쟤를 친구라고 생각은 한 건지 제 안의 추악함을 보았습니다. 구역질이 났습니다. 곧바로 도서관을 나와 집에 가서 속에 있는 것이 다 없어질 때까지 토하고 또 토했습니다. 제 안에 약간의 착함이 남아 있다면 다 토해버리고 싶었습니다."

그때부터 준호는 삶의 목표를 상실하고 그저 육체적 욕망과 쾌락이 이끄는 대로 복종하며 살았다. 그때부터 이성애 음란물과 동성애 음란물보다 더 자극적인 것을 찾았다. 음란물만으로는 이제 너무 부족하고 공허했다. 그러다 찾게 된 것이 고어물이었다. 사람을 잔인하게 죽이고 피와 내장이 많이 터져 나오는 것을 찾았다.

| 연구자 | 준호야! 왜 꼭 그렇게 잔인하게 사람을 죽이는 고어물을 봤니?

| 준호 | 거기서 쾌락과 함께 사람에 대한 혐오, 인간성을 상실한 것에서 아름다움을 찾으려고 했습니다. 폭력성의 극한. 어떤 형태의 고통이든, 죽음이든 그것이 너무 아름다워 보였습니다. 자살도 어떻게 보면 아름다운 것이 아닌가 하는 생각도 했습니다.

| 연구자 | 고어물을 계속 보면서 어떤 생각이 너에게 들어오고 어떤 마음이 생기게 되었니?

| 준호 | 사람한테 정이 없어진다는 것이 이런 것인가 실감되었습니다. 추악한 것이 아름답다고 생각하였습니다. 뭔가 기존에 있던 모든 것을 무너뜨리고픈 악한 마음이 있었습니다.

고어물에 탐닉하면서 준호는 점차 아나키즘*에 빠지게 되었다. '모든 것이 다 비참해졌으면 좋겠다'고 생각했다. 하나님의 존재를 부정하고 예수님을 비판하는 철학에도 관심을 가지게 되었다. '신은 죽었다'고 말한 니체가 왠지 멋지게 보였다. 그동안 교회에서 들었던 하나님에 대해 그는 신경도 쓰지 않게 되었다.

그렇게 준호는 고어물, 아나키즘, 하나님의 존재 부정 등과 같은 온갖 잔인하고 음란한 영상들과 생각들을 영혼의 양식으로 삼으며 살았다. 하지만 고등학교 2학년 초 어느 일요일에 커다란 일이 터지게 된다. 그는 토요일 밤이면 누나 방에서 영화를 보다 잠들었다. 새벽에 비몽사몽한 상태로 깨면 그의 방에 가서 다시 잤다. 그 모습을 엄마가 보고 오해를 하기 시작했다. 누나 방에서 누나가 잠든 사이에 그가 이상한 짓을 한 것이 아니냐고 물으셨다. 지금 생각해보면 그의 생활이 너무나 무질서하고 혼란스러웠기에 하실 수 있는 오해였다.

| 연구자 | 준호야, 그때 어떤 생각이 들었니?

| 준호 | 사람이 가장 최소한의 소속감을 느끼는 곳이 가정인데, 제가 아무리 망나니처럼 지냈어도 가족에 대해서는 최소한의 윤리의식을 가지고 있었어요.

- 모든 정치 조직과 권력을 부정하는 사상 및 운동이다. 아나키즘의 비판 대상은 국가권력뿐만 아니라 사회구조, 자본, 종교 등에도 미친다. 정치적 지배뿐만 아니라 모든 영역의 지배를 부정하고 의문에 붙이려는 사상을 의미한다.

그런데 무서운 오해를 받으니까 정말 화가 났었습니다. 게다가 우리 엄마가 한 번 오해하거나 믿지 않으면 그 상황이 아니라고 해도 쉽게 생각을 꺾지 않는 분이라 계속 해명해도 안 믿어주셨습니다. 그런 상황이 너무 속상해서 아파트 옥상으로 올라갔습니다. 죽어버리고 싶어서……

| 연구자 | 그 정도로 너에게 심각했구나? 그래서 자살을 시도한 거니? 자살을 시도하고자 했을 때 어떤 마음이 들었니?

| 준호 | 떨어져 죽을까 아니면 창문을 깨고 그 유리로 목을 그어버릴까, 손목을 그어버릴까. 정말 그 충동이 너무나 강했습니다. 그런데 막상 해보려고 하니까 뭔가 고통스러울 거 같고 두려웠습니다. 아니면 표백제를 마셔볼까, 그것도 어디서 고통스럽고, 잘못하면 평생 불구로 산다고 한 것이 기억나서 할 수 없었습니다. 참 모순이구나, 거기서 깨달았습니다. 죽음과 고통이 아름답다고 하던 내가 막상 나의 자살은 두려워하는구나. 그저 난 아무것도 아닌 겁쟁이고, 쓰레기구나.

그렇게 체념하고 다시 집으로 돌아왔다. 그 뒤로 달라진 것은 거의 없었다. 그저 모든 것을 포기하고 싶은 마음만이 더 가득했다. 학습은 포기하고 전처럼 자극적인 것에서 쾌락을 추구하며 그렇게 지냈다. '언젠가는 정말 더 비참해지면 아무도 모르는 곳에서 자살할 수 있을 것이다'라는 미래를 정해놓고 그냥 그렇게 시간을 흘려보냈다. 성적으로 부모님에게 꾸중을 들을 때도 친구들이 그를 향해 "너는 공부 못하니까 재수하겠지" 하는 소리를 들어도 아무렇지도 않았다. 그냥 죽지

못해 살았다.

그렇게 살다가 고등학교 2학년 2학기 때 그의 가족에게 특별한 일이 생겼다. 동생이 태어난 것이다. 그 동생을 처음 봤을 때 '정말 세상에 이렇게 아름다운 사람이 또 있을까' 하는 생각이 들 만큼 너무나 예뻤지만 몇 달간 동생이 밤에 일어나 배고프다고 울고 안아달라고 울고 같이 있어달라고 울기만 하니 조금 미웠다. 하지만 엄마는 아무리 피곤하고 허리가 아파도 다 받아주고 달래주셨다. '부모님이 나도 이렇게 키우셨구나' 하는 것을 느꼈다. '부모의 사랑이 이런 것이었구나' 생각하며 마음이 조금 달라지기 시작했다. 그렇게 동생이 생기고 1년도 지나기 전 또 동생이 생겼다. 그 동생은 정말 어렵게 태어났다. 기적이라고 생각될 정도로 힘들게 세상 밖으로 나온 동생을 보면서 조금이나마 하나님의 살아계심을 느끼기 시작했다. '동생들을 돌봐야겠다'는 생각이 들었다. 적어도 동생들이 자립하기 전까지는 계속 돌보고 싶었다. 그래서 망가질 대로 망가진 그의 생활을 고치고 싶었다. 조금이나마 다시 정상적인 사람, 동생들에게 좀 더 자랑스러운 오빠가 되고 싶었다. 학습을 안 한 만큼 수능에서 참담한 성적을 받았고, 그는 재수를 결정했다. 엄마의 권유로 DLS에서 재수생활을 시작하게 되었다.

하나님을 만나기 위한 노력

하나님! 저를 변화시켜주세요

그가 DLS에 들어와 간절히 원했던 소원은 '개판처럼 엉망이고 우울한 생활, 야동, 고어물, 자위에 찌든 생활을 하나님께서 변화시켜주셨으면 좋겠다'는 것이었다. 우선 그는 하나님이 정말 존재하는지를 알고 싶어서 1~2주 동안 예배드릴 때 간절하게 기도했다. "하나님 정말 계십니까? 하나님 정말 나를 사랑하십니까? 정말 계시면 나를 만나주세요. 만나주셔서 나를 이 죄악된 생활에서 건져주세요." 목이 쉬고 땀이 윗옷을 반쯤 적실 때까지 부르짖으며 기도했다. 1주차일 때 그의 안에 다른 무언가가 생기고 있다는 것을 어렴풋이 느꼈다. 2주차 때 금요일에 있는 박은혜 전도사님의 집회에서 드디어 하나님이 계시다는 것을 알게 되었다.

| 연구자 | 준호야, 하나님이 계시다는 것을 어떻게 알 수 있다는 거니?

| 준호 | 안수기도를 받고 있을 때 갑자기 마음이 뜨거워지면서 몸이 떨리고 내 입에서 "주님"을 부르는데 나도 모르게 눈물이 나왔습니다. 나의 생활과 죄악이 저절로 회개되기 시작하고 하나님께 대한 감사가 내 마음을 꽉 채웠습니다. 내 입에선 방언이 쉼 없이 터져 나왔습니다. 하나님이 정말 계시다는 것을 확실히 알게 되고 하나님이 나를 사랑한다는 것을 아주 뜨겁게 느꼈습니다.

그는 이 모든 일이 자신의 힘으로 된 것이 아님을 강하게 말했다. DLS에 처음 왔을 때는 통성기도를 10분 하면 숨이 막혀서 너무 힘들었다. 조금만 기도해도 목이 마르고 갈라져서 아팠다. 그런데 하나님을 만난 순간 터져 나온 기도는 전혀 힘들지 않았다. 마치 마르지 않는 샘처럼 기도할 때마다 계속 더 힘을 얻고 기쁘고 감사드리는 기도였다. 그는 기도하는 내내 그의 힘이 아닌 하나님의 힘이 그를 붙들어주심을 느꼈다. 하나님을 만난 순간 확신이 생겼다. 하나님은 정말로 계셨다. 그가 만난 하나님은 그가 죄악 한복판에서 헤매고 있을 때에도 그를 버리거나 죽이지 않고 오히려 정말 마음 아파하며 그가 조금씩이라도 하나님에게로 돌아오기를 간절히 원하는 분이었다. 그분께 나아갈 때 하나님은 그의 상처 난 마음을 어루만지고 기쁨과 회개와 감사와 새 힘을 채워주시는 분이었다.

하나님과 만남

그렇게 하나님을 만난 후 준호는 하나님이 어떤 분이고 예수님은 어떤 분인가를 알고 싶어서 자발적으로 성경을 읽기 시작했다. 성경을 읽으면서 하나님과 예수님이 그를 값없이 사랑하신 것을 깨닫게 되었다. 그리고 그의 이전 생활을 싫어하는 것도 깨닫게 되었다. 그건 분명 죄였다. 하나님은 죄악과 함께하실 수 없는 분이었다. 계속 죄악 가운데 있으면 결국 하나님의 심판을 받게 된다는 것을 알게 되었다. 그는 자신의 삶을 해결해달라고, 죄악에 찌들어 사는 그를 건져달라고 기도하게 되었다. 다시 야동과 고어물을 보고 싶고 자위하고 싶을 때마다 기도했다.

그때마다 하나님께서는 계속해서 이겨낼 힘과 은혜를 주셔서 더욱 하나님께 감사하게 하고 기도와 말씀과 찬양이 더 좋아지게 되면서 그 모든 것에서 벗어나게 하셨다. 음란물과 고어물에 중독된 채 자살을 꿈꾸며 하나님의 존재를 부정하며 살아온 긴 시간 동안 변함없이 기다려주신 하나님의 사랑이 너무 감사해서 더 이상 인생을 막 살지 않기로 결심했다. 자살해야겠다는 생각을 버리게 되었다. 기도와 찬양과 말씀이 너무 기쁘고 감사해서 삶의 기쁨과 소중함을 알게 되었다. 그렇게 깨달아가면서 좀 더 하나님을 기쁘게 해드리는 삶을 살고 싶어졌다. 이런 소망이 생기면서 야동이나 고어물을 보지 말아야겠다는 생각이 더욱 확실하게 들었다. 더 나아가 이제는 그런 생각조차 하지 않겠다고 결심하게 되었다.

그 뒤로 생활이 달라졌다. 하나님이 항상 그를 지켜주고 보호해준다는 것을 알게 되면서 그는 더욱더 생각과 행동을 조심하게 되었다. 죄악된 생각이 들 때마다 주님을 찾고 그런 생각이 사라지도록 부르짖어 기도했다. 무엇을 하든지 간에 하나님 앞에서 하는 것이기에 최선을 다해야겠다는 마음가짐을 갖고 살게 되었다. 이제는 야동이나 고어물을 안 보게 되었다. 포기했던 학습도 그를 위한 학습이 아닌 하나님을 위해 하나님께 드리는 학습이라는 것을 깨닫게 된 후 더욱더 열심히 하게 되었다. 작년 수능에는 수학이 5등급 나왔었는데 지금은 1~3등급을 받을 정도로 단기간에 놀라운 성적 향상도 경험했다. 무엇보다 과거라면 힘들 때 야동을 보며 자위를 하거나 아니면 고어물을 보았겠지만 이제는 말씀을 보거나 찬송을 하거나 기도를 한다. '하나님과 만남'을 경험한 뒤 가족과의 신뢰도 어느 정도 회복하게 되었다. 학교에서 외박을 나와 집에 갈 때면 친구들과 만나서 예전처럼 음란한 이야기를 하는 것이 아니라 그가 만난 좋은 하나님, 교회 이야기를 하게 되었다.

| 연구자 | 준호야, 너는 교회를 다녔어도 하나님의 존재를 부정하던 친구였잖아. 그런데 하나님을 만난 뒤에는 전도를 한다고 했는데 왜 전도를 하는 거니?

| 준호 | 간단합니다. 그 사람들도 예수님이 사랑하시는 사람들이니까요. 최근에는 저를 비난하면서 방황을 시작했던 친구에게도 연락이 닿았습니다. 휴일 때 집에 있는 동안에 우연히 집에서 방정리를 하다가 그 친구의 번호를 발견하고는 혹시 하는 마음으로 전화를 했습니다. 물론 받지 않았고, 나는 이 친구가 아직 나에게 마음이 열리지 않았구나 싶어서 단념할까 생각했습니다. 그러나 제가 하나님을 만나고 나서 얻은 소망들 중의 하나가 이 친구를 전도하는 것이었기 때문에 계속 꾸준히 연락을 시도했습니다. 한 4일쯤 그렇게 연락을 하고 다시 학교로 복귀하기 한 2일 전에 그 친구가 전화를 받았습니다. 저는 그저 통화를 허락해주신 하나님께 감사했고, 친구가 반가웠습니다. 예전의 제 행실에

대한 용서를 진심으로 구했습니다. 그리고 전도할 수 있는 기회가 생겨 시도했습니다. 결과는 아직……. 제가 만약 하나님을 만나지 못하고, 그 사랑을 알지 못했다면. 아마 저는 지금도 이 친구를 제 인생의 부끄러운 친구로 생각하고 연락을 하지 않았겠죠. 이러한 모든 것을 허락해주시고, 변화시킨 하나님께 감사드립니다.

준호는 '하나님과 만남' 이후 하나님의 은혜와 사랑이 너무 감사하다고 말한다. 그렇지만 때때로 하나님을 만나기 전으로 다시 돌아가고 싶을 때도 있다. 그 육체적 쾌락과 죄악이 좋아 보일 때도 있다. 물론 다시 넘어질 때도 있다. 하나님과 만난 이후 그에게 생긴 변화를 항상 삶 속에서 유지하는 것과 하나님 앞에서 결단한 새로운 결심을 지키고 유지하는 것은 너무나 힘들다. 그러나 그는 힘들 때마다 말씀으로 새 힘을 받는다.

나의 대적이여 나로 말미암아 기뻐하지 말지어다. 나는 엎드러질지라도 일어날 것이요, 어두운 데에 앉을지라도 여호와께서 나의 빛이 되실 것임이로다. 내가 여호와께 범죄하였으니 그의 진노를 당하려니와 마침내 주께서 나를 위하여 논쟁하시고 심판하시며 주께서 나를 인도하사 광명에 이르게 하시리니 내가 그의 공의를 보리로다.

미가서 7:8-9

다시 쾌락의 죄를 지어 넘어진 상황에서 이 말씀을 붙잡고 하나님께 전심으로 나아가면 하나님은 다시 그에게 일어날 힘을 주시고 언제나 사랑으로 보듬어 일으켜주심을 그는 생활 속에서 깊이 경험하고 있다. 그는 연구자에게 다음과 같이 고백했다. 그의 고백을 들으면서 '인간이 하나님을 진짜 만나지 않았다면 과연 이런 내용의 말을 할 수 있을까?'라는 생각이 떠나지 않았다. 준호는 하나님의 존재를 부정하고 자신의 욕망에 충실하게 살았기에 이런 수준의 고백을 한다는 것은 아주 특별한 무언가가 일어나지 않고서는 불가능하기 때문이다. 하나님을 인격적으로 만나 교제한 지 5개월밖에 되지 않았는데 그 짧은 시간에 이만큼 깊이 있는 고백을 한다는 것은 정말 놀라운 일이다. 그의 고백은 기독교 신앙의 정수가 담겨 있다고 해도 과언이 아닐 만큼 탁월한 것이기에 '하나님과의 만남'이 이렇게 한 사람을 위대하게 변화시킬 수 있다는 것에 놀라움을 금할 수가 없다. 지금 그는 예전의 자기처럼 세상에서 하나님을 부정하고 하나님을 모른 채 우울하게 방황하면서 순간적인 육체적 욕망과 쾌락을 찾으며 사는 수많은 사람에게 고백한다.

죄에 갈등하고 계신가요? 그 갈등에 마음이 괴로우신가요? 그것은 우리가 그 상황에 먹혀서 순응하라는 신호가 아닙니다. 하나님이 우리에게 주신 남아 있는 양심이 하나님께 돌아가라고 보내는 신호입니다. 분명한 것은 나한테 있었던 예전의 모습들이 하나씩 점점 사라져가고 있고, 언젠가는 온전히 다 사라질 것이라는 것을, 그리고 하나님이 그럴 수 있는 힘과 능력과 기쁨과 감사와 사랑을 주실 것이라는 것을 저는 믿습니다.

'사랑은 여기 있으니 우리가 하나님을 사랑한 것이 아니요 하나님이 우리를 사랑하사 우리 죄를 속하기 위하여 화목제물로 그 아들을 보내셨음이라. 하나님이 우리를 사랑하시는 사랑을 우리가 알고 믿었노니 하나님은 사랑이시라 사랑 안에 거하는 자는 하나님 안에 거하고 하나님도 그의 안에 거하시느니라' 요한일서 4장 10절, 16절 말씀과 같이 하나님의 사랑은 항상 먼저 우리를 향하고 있었고 지금도 그렇습니다. 하나님은 사랑이십니다.

우리가 그 사랑 안에 거하면 우리가 그 어떠한 모습이든 다 새롭게 변화시켜주시고 삶의 활력과 소망을 주십니다. 삶에 소망이 없으시고 이 모든 좋지 않은 것을 끊기를 원하십니까? 우리 힘과 의지로는 아무것도 할 수 없습니다. 여러분이 어떻게든 의지대로, 노력대로 끊고자 하여도 그것은 또 다른 죄를 짓게 만들 뿐입니다. 죄인된 우리가 죄악을 끊게 할 수 있는 방법은 없습니다. 오직 하나님만이 완전하시고 흠이 없으신 그 사랑만이 우리를 변화시킬 수 있습니다. 하나님을 찾으십시오. 만나주실 것입니다. 그리고 만나주실 때 그 사랑을 여러분에게 느끼게 하시고 감사와 찬양과 회개를 여러분에게 허락하실 것입니다. 그 사랑을 알고 하나님을, 예수님을 사랑하기 시작할 때 여러분의 삶은 새롭게 될 것이며 하나님께서 여러분의 삶을 새롭게 변화시켜주실 것입니다.

살아가는 것이 아무리 힘들고 지쳐도 이 사실을 꼭 기억하세요. '보라 내가 새 일을 행하리니 이제 나타낼 것이라 너희가 그것을 알지 못하겠느냐 반드시 내가 광야에 길을 사막에 강을 내리니 장차 들짐승 곧 승냥이와 타조도 나를 존경할 것은 내가 광야에 물을, 사막에 강들을 내어 내 백성, 내가 택한 자에게 마시게 할 것임이라' 이사야 43장 19-20절과 같이 여러분이 어떤 암울한 상황에 있든지 하나님은 자신의 백성을 잊지 않으십니다. 여러분이 하나님의 백성이 되길 소망합니다.

강준호

준호의 고백은 하나님을 뜨겁게 사랑하고 경외하는 목사님의 설교처럼 기독교 복음의 진수를 정확하게 이야기한다. 이 정도까지 준호가 깊은 신앙의 고백을 할 것이라고는 연구자 역시 생각하지 못했다. 그와 이야기를 하면 할수록 그 안에 성령 하나님이 계심을 금세 느낄 수 있었다. 뜨거운 불 옆에 가면 몸이 뜨거워지는 것처럼 준호와 밥을 먹으며 그의 이야기를 듣고 있으면 연구자의 마음도 뜨거워졌다. 그가 하는 말에 조금의 거짓이나 과장이 없음이 그대로 느껴졌다. 그가 하는 말은 단순히 그의 말이 아니라 그 안에 있는 성령 하나님이 그에게 알려주시고 그 알려주신 내용을 그가 입을 벌려 전하는 것임을 쉽게 알 수 있었다.

2017년 인천 초등생을 잔인하게 살해하고 시신을 훼손해 유기한 김 모 양(17세)처럼 준호는 평소 고어물을 즐겨 보았다. 준호는 연구자에게 하나님을 만나기 전 그런 상태로 5년만 더 시간이 지났으면 자신이 김 모 양처럼 남을 잔인하게 살해하고 시신을 훼손하는 일은 하지 않겠지만 잔인한 방법으로 자살하고, 다른 이의 시신을 훼손하는 것은 어쩌면 했을지도 모르겠다고 인터뷰 중간에 이야기했을 정도로 고어물에 중독되어 있었다. 그런 그가 '하나님과 만남' 이후 고어물 대신 성경을 보고 음란물 대신 하나님께 찬양과 예배를 드리고 자살을 꿈꾸는 대신 죄로 죽어가는 영혼들을 살리는 꿈을 꾸게 되었다.

요즘 학교 식당에서 점심시간에 자주 준호와 식사하며 대화를 나눈다. 그에 대해 더 깊이 알게 되면서 가끔 밥을 먹다가도 그를 쳐다보게 된다. 아무리 봐도 하나님을 만나기 전 고어물과 음란물에 중독된 그의 모습이 도저히 상상이 가지 않아 또 쳐다보게 된다. 하나님은 눈에 보이지 않지만 그가 내 눈 앞에서 이야기하는 내용을 들으면 바로 옆에 계신 것처럼 생생하게 느껴진다. 하나님을 만나고, 하나님과 함께 살고, 하나님을 위해 열심히 학습하며 일꾼 될 준비를 하는 준호를 매일 새벽부터 저녁까지 보면서 연구자 역시 가슴이 뜨거워지고 커다란 자극이 되었다. 이 글을 쓰는 이 순간에도 오늘 새벽예배를 마치고 도서관으로 가는 길에 준호와 나눈 이야기가 생각난다.

| 연구자 | 요즘 어떻게 지내니?

| 준호 | 잘 지내요. 선생님! 끊임없이 올라오는 과거의 죄악된 욕망을 어떻게 제거할 수 있을까요?

| 연구자 | 선생님도 그래. 그래서 매일 죽여. 매일 기도로 죄악을 짓고자 하는 욕망을 십자가에 못 박아. 그래야 살아. 그래서 선생님은 오늘도 기도해. 너도 매일 그렇게 하잖아.

| 준호 | 네, 매일 기도해요. 기도하면 고어물 보고 싶은 마음, 음란물 보고 싶은 마음이 사라져요.

| 연구자 | 그래, 오늘도 열심히 주님 위해 치열하게 싸우자.

이런 이야기를 준호와 함께할 수 있는 것은 오직 살아계신 하나님 때문이다. '하나님과의 만남과 사랑'이 없었다면 우리 둘 다 그런 이야기를 할 수 없었을 것이다. 그리고 그런 제자를 훈련시키는 선생으로서 다시 한번 다짐을 하게 된다. '오늘도 하나님 실망시켜 드리지 않고 제자들에게 좋은 선생이 되어야겠다.'

준호의 짧은 '하나님과 만남 생애사'를 통해 하나님은 지금도 실제로 살아계시다는 것과 '하나님과 만남'이야말로 여러 가지 이유로 방황하는 수많은 청소년이 공허한 방황을 끊고 다양한 중독을 끊을 수 있는 삶의 원동력과 생명력을 줄 수 있고 새로운 인생의 목적과 꿈을 찾게 할 수 있음을 깊이 확인할 수 있었다.

한 달 전 스승의 날에 준호는 연구자에게 손으로 쓴 편지 한 통을 주었다. 그의 편지를 연구사료로 채택하여 첨부하고자 한다. 이 편지

가 '하나님의 존재'와 '하나님의 사랑'에 대해 사실적으로 잘 보여준다
고 판단했기 때문이다.

김동환 선생님께

선생님, 안녕하세요. 강준호입니다.

이곳에 들어왔던 12월 31일이 엊그제 같은데 벌써 신입생도 끝나고 5개월이 다 되어갑니다. 제게 올해는 정말 특별한 해인 것 같습니다. 성인으로 맞아보는 첫 생일, 그리고 어버이날, 스승의 날, 그리고 DLS 에서의 생활, 하나님이 계시다는 확신과 하나님이 우리를 사랑하신다는 것을 알 수 있었던 올해는 정말 제 인생에서 오랜 기억으로 남을 것 같습니다. 그 과정과 깨달음 하나하나에 하나님께서 선생님을 통해 주신 것이 많은 것 같습니다. 하나님께 감사드리고 선생님께 감사드립니다.

선생님께는 정말 많은 것을 배운 것 같습니다. 어떤 자세로 어떤 마음으로 기도해야 하는지, 그리고 우리나라가 어떤 상태에 있는지, 미디어가 어떤 나쁜 점이 있는지, 원래 무감각하고 아무것도 몰랐던 저에게 선생님은 많은 것을 일깨워주셨고 알게 해주셨습니다. 항상 그 가르침에 감사하며 예수 그리스도의 좋은 군인으로 세상에서 살아갈 수 있게 치열하게 준비하겠습니다.

선생님! 몸이 아프신데도 불구하고 항상 저희를 가르치시고, 훈계하시고, 기도하시는 것 정말 감사하며 존경합니다. 항상 선생님의 건강

과 사역을 위해 기도하는 것 잊지 않겠습니다.

선생님! 저는 아직 많이 부족합니다. 선생님이 제게 깨끗한 그릇이 되라고 말씀하신 것 잊지 않고 항상 그렇게 되기 위해 준비하겠습니다.

선생님! 오늘 하루도 건강하시고 항상 하나님의 손이 함께하시기를 기도합니다. 사랑합니다. 존경합니다.

강준호 올림

이 편지를 보면서 속으로 많이 울었다. 그리고 부족한 선생님을 위해 기도하는 사랑하는 제자들을 생각해서라도 더욱더 치열하게 죄와 병과 싸우고 모든 연약함을 온전히 하나님께 기도하고 더 준비되고 건강한 주의 일꾼이 되리라 다짐한다. 하나님께 인정받고 제자들에게 좋은 선생님으로 남기 위해 처절하게 마음과 욕심을 십자가에 못 박고 하루하루 하나님을 위해 살겠다고 다짐한다. 질적 연구를 통해 연구자는 연구 참여자와 인격적 상호신뢰를 쌓고 서로에 대해 더 깊이 알아가며 서로의 부족함을 채우고 서로 배우며 함께 성장함을 더욱 절실히 깨닫게 되었다.

> 연구결과

9명의 마음이 아픈 아이들의 변화

　지금까지 다양한 청소년 문제들(게임중독, 폭력물과 야동 중독, 술과 담배 중독, 학습포기, 우울증, 자살충동과 시도, 가출과 방황과 일탈 등)을 심각하게 경험하고 있던 아홉 명의 청소년들이 자신의 문제를 해결하기 위해 하나님을 간절한 마음으로 찾고 하나님을 인격적으로 만난 후 그들의 삶과 학습이 어떻게 달라지는지에 대해 구체적으로 살펴보았다.

　아무런 인생의 목표 없이 살던 농구 소년 성훈은 재수 시절 하나님을 깊게 만나 하나님이 준 비전을 위해 포기했던 학습을 다시 시작하고 우수 대학의 체육교육학과에 입학한다.

　담배를 너무 사랑해서 보루째 담배를 사다 놓고 끊임없이 피우던 진주는 밤을 낮으로 삼아 노는 것에 빠져 마음껏 일탈하며 방황하며 지냈다. 우연한 기회에 하나님에게 뜨겁게 찬양하고 기도하는 사람들을 보고 충격을 받아 자신도 간절히 하나님을 찾게 되고 하나님을 인격적으로 만나 그토록 좋아하던 담배를 완전히 끊고 긴 방황을 마쳤다. 이제 하나님을 위해 열심히 학습하고 있다.

　롤 게임 중독자이며 학교 선생님이 그 때문에 퇴직할 정도로 학교 최고 문제아였던 찬욱이는 고1 때 하나님을 깊게 만난 후 하나님을 위해 학습하기로 다짐하여 20개월 만에 수능에서 세 개 틀리고 원하는 대학에 입학한다. 그는 하나님을 경외하는 법조인이 되고자 매일 치열하게 준비하고 있다.

　고등학교 3년간 게임에 중독되어 밤마다 게임하고, 낮 시간은 학교에서 푹 자면서 보냈던 '게임귀신' 태주는 하나님을 인격적으로 만난 후 좋아했던 게임을 다 끊고 하나님을 위해 살기로 다짐한다. 포기했던 학습을 다시 시작하고 자신처럼 게임으로 방황하는 청소년들을 돕기 위해 신학대학에 입학한다.

　하나님을 부정하며 주일예배 참석을 거부하던 목회자 자녀 윤주는 하나님을 인격적으로 만나 하나님의 존재를 인정하고 그동안 포기했던 학습을 하나님을 위해 다시 시작한다.

　담배를 공기나 물처럼 여기며 이 세상에 존재하는 모든 종류의 담배를 피우는 것이 인생의 목표였던 목회자 자녀 석주는 하나님을 인격적으로 만난 후 담배를 끊고 니코틴 중독을 이겨내며 하나님이 준 사명을 위해 학습에 전념한다.

　남학생들도 맞는 것이 무서워 감히 쳐다보지 못했던 '최강 폭력 일진녀' 경미는 하나님을 만나 자신의 성격을 죽이고 하나님의 성품을 닮아가고자 몸부림치며 포기했던 학습을 다시 시작한다.

　'소주 6병'이라는 별명을 가진 만수는 고3 때 학교를 자퇴한 후 지독한 방황과 일탈에 빠져 우울하게 살다가 부모님과 할머니의 간절한 권유로 하나님을 찾으며 하나님을 인격적으로 만난 후 술을 끊고 기나긴 방황을 끝내고 자신처럼 방황하는 청소년들에게 도움을 주고자 신학을 선공하고 있다.

이들의 공통된 특징은 학습의 목적이 무엇인지에 대해 알지 못한 채 매일 반복되는 치열한 입시 위주의 교육 속에서 방황했다는 점이다. 학습의 목적과 삶의 의미를 상실한 채 과도한 학습 스트레스를 경험하고 학습을 포기했거나 포기하는 과정에 있다가 '하나님과 만남'을 통해 이전과는 다른 모습으로 변화했다.

학습을 포기한 친구들이 다시 하나님을 위해 학습을 시작하고, 술과 담배와 게임과 음란물과 폭력물과 노는 것과 방황과 일탈에 중독된 친구들이 하나님을 만난 후 그것을 끊고 하나님을 위해 다시 학습하게 되었다. 오랜 방황으로 가족과 주변 사람들과의 상처 나고 단절된 관계도 회복되기 시작했다.

그들은 유별난 문제아가 아니다. 그저 꿈과 비전을 잃고 무의미하고 우울하고 무기력하게 시간을 흘려보내던 친구들이고, 우리들의 모습이다. 그들은 다시 꿈을 찾고 그 꿈을 이루기 위해 시간을 소중히 여기며 열심을 내어 학습하게 되었다. 하루 15분도 앉아서 학습에 집중하지 못하고 학습에 흥미를 잃었던 친구가 눈에 보이지 않는 하나님을 위해 하루 열 시간 이상을 앉아서 학습을 실천한다.

이런 구체적이고 가시적인 변화들이 실제로 이들 청소년의 삶 속에서 일어났으며 하나님과의 인격적인 만남을 통해 연구 참여자들은 이런 변화들을 직접 그들의 삶 속에서 경험한다.

이들이 변화된 삶을 살게 된 이유

과연 인간이 눈에 보이지 않는 하나님을 만나 인격적인 교제를 하는 것이 가능한 일인가? 하나님은 실제로 존재하는 것인가? 그들이 만난 것은 정말 하나님일까? 아니면 힘든 상황을 극복하기 위해 몸부림치다가 얻은 무의식에 의한 정신적 보상작용일까? 실제로 하나님이 존재하는 것이 아니라 하나님을 만나고자 하는 마음이 만든 심리적 작용이 아닐까? 마치 너무 힘들고 괴로울 때 우리 신체에서 호르몬이 나와 고통을 줄여주는 것처럼 몸과 마음이 너무 괴롭고 힘들어 간절하게 하나님이라는 대상을 찾다가 정신적 모르핀과 같은 현상으로 나타난 것이 하나님은 아닐까?

이런 의문들을 가지고 10년간 진행된 연구과정 가운데 눈에 보이지 않는 하나님을 부인하거나 아예 관심조차 없던 청소년들이 자신들의 입으로 하나님을 만나 하나님의 사랑을 경험하여 눈물을 흘리고 새롭게 살기로 결심했다는 이야기를 주 연구 참여자와 보조 연구 참여자를 합쳐 수십 명의 입에서 직접 들었다.

주 연구 참여자와 보조 연구 참여자를 제외하고 인터뷰한 학생들까지 합하면 거의 100명에 가까운 학생들이 하나님 존재에 대해 부정하거나 회의를 가지거나 아예 관심조차 없던 학생들이었다. 이들 모두가 "자신이 하나님을 만나고자 간절한 마음으로 찾으려고 노력할 때 하나님을 인격적으로 만날 수 있었고 하나님이 자신의 모든 죄를 용서

하고 자신을 위해 하나님의 아들 예수가 십자가를 지고 자신의 죄를 위해 죽은 것을 인정하고 받아들인다"고 말한다.

미리 심층면담하기 전에 이렇게 다양하고 많은 학생이 입을 맞춰 동시에 없는 내용을 있다고 말하기는 불가능하다. 대부분의 청소년을 개별적으로 만나 인터뷰를 진행하였기에 미리 알고 내용을 조작하기는 어려웠다. 그리고 그들이 그렇게 조작할 이유가 없었다.

아홉 명의 청소년들은 하나님을 인격적으로 만나 현재까지 하나님과 만남을 지속하며 다니엘 신본주의 학습*을 실천하는 학생들이다. 그들은 하나님을 만났을 때의 감동과 감격은 인간의 말로 표현하기가 어렵다고 말한다. 한 번도 자신이 죄인이라고 생각해보지 않던 친구들도 하나님을 만나고 나서 자신이 죄인임을 분명하게 깨닫게 되었다고 고백한다. 겉으로 보면 지극히 정상적이고 멀쩡해 보이는 청소년들이 이구동성으로 "하나님이 정말 존재하고 자신을 사랑하고 자신을 만나주었다"고 하는 말을 들을 수 있었다.

심층면담한 청소년들의 표정과 어투와 태도에는 분명 진정성과 진실함이 담겨있었다. 이들이 인터뷰 전에 동시에 집단체면에 빠진 것처럼 보이지는 않았다. 지극히 정상적이고 합리적으로 자신들의 경험을 분명하게 말했다.

- 부록 참조

결론적으로 아홉 명의 '하나님과 만남 생애사'를 통해 '하나님과 만남'이 수많은 미래에 대한 불안과 인생에 대한 근심과 걱정을 가지고 있는 연구 참여자들에게 하나님을 만나기 전의 방황과 일탈과 불안과 걱정과 근심에서 벗어나 하나님이 주는 평안함과 감사함과 기쁨과 경외를 경험하게 할 수 있음을 확인할 수 있다. '하나님과 만남'을 통해 인간은 '하나님의 존재'에 대해 확인할 수 있고 그들이 가지는 수많은 문제점이 삶의 현장에서 구체적으로 해결될 수 있음을 알 수 있다.

왜 다니엘 신본주의 학습*이어야 하는가?

다니엘은 구약성경의 인물입니다. 그 이름의 뜻은 '하나님은 모든 만물의 재판관이시다'입니다. 이 뜻은 하나님이 모든 만물을 판단하는 기준이 된다는 것입니다. 세상 판단의 기준을 인간이 아닌 하나님으로 본다는 의미에서 '신본주의'의 의미와 일맥상통합니다. 그래서 '다니엘 신본주의 학습'이라고 이름을 짓게 되었습니다.

다니엘 신본주의는 하나님이 모든 만물의 근본과 주인이 되심을 인정하는 신앙적 입장을 말합니다. 하나님이 온 우주 만물을 창조하신 창조주이시며 또한 주인임을 받아들이는 가치관과 세계관을 의미합

- DLS(다니엘리더스스쿨)이 추구하는 학습을 의미합니다.

니다. 기독교 교리에 따르면 하나님이 창조하신 인간이 죄로 타락하자 그의 죗값으로 인간은 영원한 지옥에 가야 했습니다. 하나님은 인간을 사랑하셔서 인간이 지옥에 가지 않기 위해 치루어야 할 죗값을, 하나님의 아들 예수를 대신 죽이고 그의 피로 인간의 죗값을 갚아 주십니다. 따라서 죄에서 해방된 인간은 하나님의 소유이고 하나님은 죄에서 해방시킨 인간의 주인이 됩니다. 성경에서는 죄에서 해방된 인간이 이제 죄에서 해방되기 이전처럼 죄의 노예로 살지 말고 하나님의 자녀로 하나님의 소유답게 살 것을 말씀하십니다.

다니엘 신본주의는 바로 이렇게 하나님의 영광을 위해 사는 삶을 가장 우선순위에 두는 하나님 중심주의 삶과 가치관과 세계관을 의미합니다. 하나님이 온 우주 만물과 인간의 삶의 기본이 되시고 범사에 가장 중요한 척도가 됨을 인정하는 것을 의미합니다.

다니엘리더스스쿨에서 추구하는 다니엘 신본주의 학습은 바로 이러한 신본주의의 내용과 의미를 학습에도 동일하게 적용하여 고린도전서 10장 31절(그런즉 너희가 먹든지 마시든지 무엇을 하든지 다 하나님의 영광을 위하여 하라)에서 말하는 하나님의 말씀에 순종하기 위해 학생의 신분으로서 하나님의 영광을 위해 삶의 제사로 드려지는 학습을 의미합니다. 하나님의 마음을 기쁘시게 하고 하나님의 영광을 위해 준비된 일꾼이 되고자 학습을 그 준비의 과정으로 여기고 하는 학습을 의미합니다. 하나님은 모든 인간에게 각자의 '달란트'(재능)를 주십니다. 이 달란트는 '완성형'으로 주신 것이 아니라 '씨앗'의 형태로 주십니다.

'씨앗'의 형태로 주신 재능을 하나님의 영광을 위해 '완성형'으로 잘 준비하는 것은 하나님의 자녀로서 마땅히 해야 할 일입니다. 현대사회에서는 이 재능이 교육기관의 모종의 학습과정을 통해 준비되고 있습니다. 따라서 인간을 사랑하여 인간을 위해 자기 아들을 죽이신 하나님의 사랑과 은혜를 생각하면서 하나님이 자신에게 주신 삶의 목적인 하나님의 영광을 위해 사는 삶을 살기 위해 달란트 준비의 과정으로 학습하는 것이 성경에 의거한 다니엘리더스스쿨이 추구하는 다니엘 신본주의 학습입니다.

신본주의 학습과 반대되는 개념은 인본주의 학습입니다. 인본주의는 모든 것의 중심을 인간으로 놓고 하나님보다 인간 중심의 사상과 행위를 강조합니다. 인간이 하나님의 위치에 있고 인간의 욕망실현과 자아실현이 가장 높은 가치를 가집니다. 학습 또한 더 잘 먹고 잘 살고자 하는 인간의 욕망과 자아를 실현하기 위해 그것의 수단으로 하는 학습을 의미합니다. 크리스천 학생들 가운데도 많은 학생들이 하나님을 믿으면서 학습의 목적은 신본주의 학습보다는 인본주의 학습을 따르고 있습니다. 그 일례로 시험기간이 되면 더 좋은 성적을 받고 자신이 원하는 대학에 가기 위해 하나님께 드리는 예배에 빠지는 경우를 들 수 있습니다. 하나님은 하나님의 자녀들이 주일날 온전히 예배드리고 하나님 안에서 안식하기를 원하십니다. 주일은 하나님이 거룩하게 구별하신 하나님의 날입니다. 하나님은 하나님의 자녀가 주일예배를 빠지면서 학습하는 것을 기뻐하지 않으십니다. 하나님의 자녀가 살고 학습하는 목적이 인간을 사랑하여 우리에게 생명을 주시기 위해 자기 아들 예수를 죽인 하나님의 영광을 위해서 사는 것인데 하나님의 영광과 말씀을 무시하고 하나님께 드려야 할 예배를 빠지고 학습하는 것은 하나님의 영광을 위한 학습이라기보다는 인본주의 학습이라 부를 수 있습니다.

비록 주일을 온전히 예배드리며 하나님의 영광을 위해 학습하는 것이 7일 학습에 비해 학습시간은 줄어들 수 있지만 만약 그렇다고 해서 설사 성적이 떨어지더라도 하나님의 자녀는 하나님의 방식인 신본주의 학습을 지켜야 한다고 생각합니다. 성적이 부족하여 자신이 원하는 대학과 학과에 입학하지 못할지라도 하나님의 말씀을 순종하며 하나님의 영광을 위해 사는 것이 그리스도인의 삶이기 때문입니다.

다니엘 신본주의 학습은 성경의 모든 말씀이 하나님의 감동으로 쓰인 하나님의 말씀이기에 절대적 신적 권위를 가지고 있고 그 내용이 허구가 아닌 인간이 따르고 순종해야 할 진리와 사실임을 그대로 받아들입니다. 성경이 하나님의 영인 성령의 감동으로 쓰인 말씀이라는 성경 디모데후서 3장 16절(모든 성경은 하나님의 감동으로 된 것으로 교훈과 책망과 바르게 함과 의로 교육하기에 유익하니)을 그대로 받아들입니다. 성경을 고대 근동의 신화들을 배경으로 하여 인간의 짜깁기와 창작으로 만들어낸 문화 산물이라고 말하는 인본주의 측 주장을 받아들이지 않습니다. 인간의 죄를 대신하여 예수님이 십자가에 실제로 처참히 죽고 3일 만에 실제로 다시 살아난 것과 그분이 부활 후 40일 세상에서 계시고 하늘로 승천한 일과 마지막 심판의 날에 다시 재림하실 것 그리고 하나님의 능력으로 실제로 홍해 바다가 갈라져 약 200만 명의 이스라엘 사람들이 건넌 것과 노아의 방주 사건 등 수많은 성경의 기적을 신화와 허구로 치부하는 것이 아닌 실제로 하나님의 능력으로 일어난 일로 의심없이 받아들입니다. 수많은 반기독교 학자들은 성경의 권위를 무너뜨리기 위해 교묘하게 신학 안에 인본주의를 침투시켜 인간의 이성으로 이해하지 못하는 성경의 모든 내용을 신화라고 치부하고 성경 안에서 그 신화적 요소를 제거하고자 노력했습니다. 그들은 성경에 대해 인간이 만든 문화산물이라 이야기하고 하나님의 감동으로 쓰인 하나님의 말씀이라는 신적 권위를 철저히 부정합니다. 다니엘 신본주의 학습은 이러한 인본주의 주장들을 받아들이지 않고 오직 성경말씀을 있는 그대로 사실과 진리로 받아들이고 살아도 살아계신 하나님의 영광을 위해, 죽어도 살아계신 하나님의 영광을 위해 사는 것을 삶의 목적과 기쁨으로 받아들이고 하나님의 자녀로서 하나님의 일꾼으로서 사는 것을 추구합니다.

한 가지 꼭 유념하셔야 할 것이 있습니다. 다니엘 신본주의 학습은 하나님의 영광을 위해 하나님을 위해 준비된 일꾼이 되기 위해 하는 학습이지 하나님의 지혜와 능력을 얻기 위해 그것을 이용하여 나의 욕망을 보다 효과적으로 채우기 위해 하는 학습이 아닙니다. 다니엘리더스스쿨에서 다니엘을 본받는 가장 큰 이유는 그가 하나님의 지혜를 받아서 바벨론에서 국무총리를 했기에 그런 것이 아닙니다. 다니엘은 하나님에 대한 신앙의 순도를 지키기 위해 우상에게 절한 음식을 먹지 않고자 포로로 잡혀간 바벨론 제국에서 3년간 물과 채소를 먹고 하나님에 대한 신앙을 지킵니다. 국무총리가 된 뒤에 기도를 금지하는 왕의 명령에도 불구하고 사자 굴에 던져질지라도 그는 신앙을 타협하지 않았습니다. 세상과 타협하지 않고 '죽으면 죽으리라'는 각오로 신앙의 순도를 지키는 것을 본받기 위해서 다니엘리더스스쿨은 다니엘을 존경하고 다니엘의 신앙을 추구합니다. 그래서 이름도 '다니엘과 같은 믿음의 순도를 지키는 인재를 양성하는 학교'라는 뜻으로 '다니엘리더스스쿨'이라고 짓게 된 것입니다.

사무엘상 16장 7절(여호와께서 사무엘에게 이르시되 그 용모와 신장을 보지 말라 내가 이미 그를 버렸노라 나의 보는 것은 사람과 같지 아니하니 사람은 외모를 보거니와 나 여호와는 중심을 보느니라)에서 알 수 있듯이 하나님은 사람을 쓰실 때 학벌, 집안, 외모를 보지 않으십니다. 세상은 이 세 가지를 중시합니다. 하지만 하나님은 이 세 가지는 보시지 않으시고 오직 '마음의 중심'을 보십니다. 그 마음에 얼마나 하나님을 향한 순도 높은 신앙이 있는지를 보시고 그를 사용하십니다. 다니엘 신본주의 학습은 이러한 신앙을 추구하기 위해 진행되는 학습입니다.

스스로 다니엘 신본주의 학습 실천 방법

저는 인생의 성공은 세 가지를 이루었을 때 비로소 가능하다고 DLS에서 가르쳐왔습니다. 다니엘 신본주의 학습을 실천하기 위해서는 이 세 가지를 꼭 받아들이고 결단해야 합니다.

첫째. 하나님을 믿어야 한다.
둘째. 하나님의 말씀에 순종해야 한다.
셋째. 하나님께 쓰임받는 인생이 되어야 한다.

이 세 가지는 소위 명문대 출신이 아니어도 되고, 집안과 외모와 상관없이 할 수 있습니다. 제대로 학교를 다니지 못한 채 구두수선공으로 살던 D.L. 무디는 명문대 출신은 아니지만 이 세 가지를 이룬 진정한 성공자라고 생각합니다. 그를 통해 얼마나 많은 죄로 죽었던 사람들이 하나님을 믿고 살아났는지 모릅니다. 하나님은 다윗을 이스라엘의 왕으로 택할 때 다윗의 첫째 형 엘리압을 택하지 않은 이유에 대해 다음과 같이 말씀하십니다. **사무엘상 16장 6-7절** (6. 그들이 올 때 사무엘이 엘리압을 보고 마음에 이르기를 여호와의 기름 부으실 자가 과연 그 앞에 있도다 하였더니 7. 여호와께서 사무엘에게 이르시되 그 용모와 신장을 보지 말라 내가 이미 그를 버렸노라 나의 보는 것은 사람과 같지 아니하니 사람은 외모를 보거니와 나 여호와는 중심을 보느니라)에서 하나님은 용모와 신장을 보지 않고 마음의 중심을 보시고 사용하신다고 말씀하셨습니다.

하나님의 자녀에게는 하나님의 자녀에게 맞는 신본주의 학습원리가 있다고 생각합니다. 너무 많은 믿음의 학부모님들이 하나님의 자녀에게 맞지 않는 세상의 인본주의 원리를 가지고 억지로 자녀에게 교육시킬 때 우리 아이들은 하나님을 만나지 못한 채 세상의 정욕과 이생의 자랑을 위해 살게 됩니다. 자녀의 성적표만 보지 마시고 자녀의 영혼의 상태를 먼저 살펴주시기를 부탁드립니다. 하나님의 자녀들이 행복하고 성공하려면 하나님을 인격적으로 만나고 하나님을 사랑하고 하나님을 경외하는 하나님의 자녀와 예수의 좋은 군인으로 자라야 합니다. 그러므로 하나님의 방식으로 양육해주시길 간곡히 부탁드립니다.

댁에서 다니엘 신본주의 학습을 실천하실 수 있는 핵심내용들을 정리해보았습니다. 많은 돈이 들거나 어려운 방법이 아닙니다. 살펴보시고 한 가지씩 꼭 실천해보시길 부탁드립니다.

1 553운동 실천하기

학습하기 전 5분 성경 읽기, 5분 기도하기를 하루 3번 하기(아침 학교에 가서 1번, 점심식사 후 1번, 저녁 야간자율학습 전 1번) 성경 보고 기도하기 전에는 학습하지 않겠다고 결단하고 시작해보기. 553운동을 통해 하루 30분 '하나님과 만남'을 위해 간절히 노력하기. 다니엘 신본주의 학습의 시작은 '하나님과 만남'에서 시작됩니다. 그러기 위해서 예레미야 29장 11-13절(11. 나 여호와가 말하노라 너희를 향한 나의 생각은 내가 아나니 재앙이 아니라 곧 평안이요 너희 장래에 소망을 주려 하는 생각이라 12. 너희는 내게 부르짖으며 와서 내게 기도하면 내가 너희를 들을 것이요 13. 너희가 전심으로 나를 찾고 찾으면 나를 만나리라)의 말씀처럼 매일 성경 읽기과 기도를 통해 전심으로 하나님을 찾고 찾으면 하나님을 반드시 만나고 다니엘 신본주의 학습을 어디서든지 실천하실 수 있습니다.

2 주일은 온전히 예배드리며 전심으로 하나님을 찾고 만나 교제하며 하나님 안에서 쉬면서 가족들과 은혜 나누기
  - 주일 오전 청소년 예배 드리기
  - 주일 점심식사 부모님과 함께하기
  - 주일 오후 어른 예배 함께 드리기
  - 주일 저녁식사 부모님과 함께하며 오늘 예배시간에 말씀들은 것 함께 나누기
  - 주일 저녁식사 후 가정 예배드리기(인도자 : 가족들이 돌아가면서

인도하기)

    가. 사도신경 고백하기

    나. 찬송 1곡 부르기

    다. 예배를 위해 인도자 기도하기

    라. 성경 1장 읽기

    마. 성경 읽은 것 말씀 나누기

    바. 부모님이 자녀들의 머리에 손 얹고 축복 기도하기, 자녀들은 부모님 손을 잡고 부모님을 위해 기도하기

    사. 주기도문

3 규칙적으로 운동하고 생활하기

4 부모님과 의논하여 미디어를 꼭 보아야 할 것을 선정하여 적절하게 미디어를 통제하기

5 여름, 겨울 방학 때 다니엘온가족학습수련회(www.dfc21.net)에 와서 2박 3일간 다니엘리더스스쿨 단기과정에 지속적으로 참석하여 다니엘리더스스쿨 학생들과 함께 훈련하기

6 하나님의 자녀로서 학습법 책을 읽고 실천하기

《다니엘학습법》(하나님의 자녀들이 왜 하나님의 영광을 위해 학습해야 하는지에

대해 자세히 알 수 있습니다)과 《다니엘아침형학습법》(하나님의 영광을 위해 학습하고자 뜻을 정한 학생들을 위해 구체적인 신본주의 학습방법들이 자세히 나와 있습니다)과 《다니엘내신관리법》(하나님의 영광을 위해 학습하고자 뜻을 정한 학생들을 위해 구체적인 중학교 3년 150주 고등학교 3년 150주 주단위 내신학습방법들이 자세히 나와 있습니다)과 《다니엘자녀교육법》(하나님의 자녀들을 어떻게 하나님의 방식으로 양육해야 하는지에 대해 자세히 나와 있습니다)과 《다니엘 마음관리 365일》(매일 마음을 관리하고 지친 마음에 힘을 주는 글이 들어있습니다)와 《다니엘리더스스쿨의 기적》(하나님을 만나는 방법에 대해 자세히 나와 있습니다)을 꼭 읽고 실천해보세요.

7 유튜브를 통해 좋은 강의들을 지속적으로 듣고 학습하기

주일날 부모님과 함께 듣는 것이 매우 효과적입니다. 故 옥한흠 목사님 설교, 이정훈 교수님 강의, 김지연 약사님 강의, 이호 목사님 강의 등 여러 가지 좋은 강의들이 많습니다. 부모님은 좋은 강의들을 주변에 있는 목사님들을 통해 추천받아 자녀들과 함께 보시길 추천드립니다.

8 부모님과 함께 성경 통독하기

주일 혹은 토요일에 시간을 별도로 내어 한 시간 정도 성경을 자녀들과 함께 읽습니다.

9 하나님을 인격적으로 만났는지 확인

마음 문을 열고 전심으로 하나님을 영접할 수 있도록 복음을 제시하고 부모님이 하는 것이 어렵다면 교회 목사님과 전도사님께 요청하여 자녀들에게 복음을 다시 제시하도록 도움을 구하세요.

10 온 마음으로 기도하고 성경 읽기

예배드릴 때와 기도하고 성경 읽을 때 형식적으로 하지 않도록 주의하고 온 마음을 가지고 하도록 항상 힘쓰세요.

이 열 가지는 집에서 얼마든지 일반학교를 다니면서 할 수 있는 일입니다. 이 열 가지만 꾸준히 실천한다면 다니엘리더스스쿨에 입학하지 않아도 얼마든지 하나님을 인격적으로 만나 하나님을 위해 학습하는 위대한 기적이 삶 속에서 일어날 수 있습니다. 집에서 이 열 가지를 꾸준히 실천하여 위대한 기적들을 경험하는 학생들이 매우 많습니다.

집에서 다니엘 신본주의 학습을 실천할 수 있는 대표적인 방법 가운데 한 가지인 다니엘온가족학습수련회(www.dfc21.net)에 참석하는 것을 강력히 추천해드리고 싶습니다. 다니엘온가족학습수련회는 다니엘리더스스쿨을 다니지 않는 학생들을 위해 2박 3일 단기과정으로 다니엘리더스스쿨 학생들과 학부모님들과 함께 다니엘리더스스쿨에서 실천하는 다니엘 신본주의 학습을 훈련받기 위해 만들어진 과정입니다. 이 과정을 통해 전국 각지에서 심지어 해외에서 온 수많은 학생들과 학부모님들이 구체적으로 다니엘 신본주의 학습을 배워 집에서 실천하고 있습니다. 본 연구 참여자들 이외에도 셀 수 없이 많은 좋은 결실이 많았습니다. 기회가 되면 꼭 따로 책으로 보고 드리겠습니다. 다니엘 신본주의 학습을 시작하는 중요한 '터닝 포인트'가 될 수 있습니다.

또 다른 방법으로는 www.dfc21.net (다니엘온가족학습수련회)과 www.dls21.net (다니엘리더스스쿨) 홈페이지에 들어오셔서 좋은 자료들을 보시면서 다니엘 신본주의 학습을 배울 수 있습니다. 이곳에는 제가 강의한 동영상 자료와 방송 프로그램과 다양한 학습자료와 다니엘 신본주의 학습이란 무엇인지에 대한 상세한 내용들이 있습니다. 수시로 이곳에 들어오셔서 많은 학생이 다니엘 신본주의 학습을 실천하는 다양한 내용들과 구체적인 방법들을 보실 수 있습니다. 그것을 보시면 집에서 신본주의 학습을 실천하시는 데 많은 힘과 동기를 얻을 수 있을 것입니다.

앞으로도 지속적으로 댁에서 다니엘 신본주의 학습을 잘 실천하실 수 있도록 다양한 책과 방법들과 프로그램들을 더 많이 쓰고 만들어 보다 많은 청소년에게 도움을 줄 수 있도록 노력하겠습니다. 이 책이 귀한 독자 여러분께서 집에서 다니엘 신본주의 학습을 시작하는 계기가 되는 도구로 사용되기를 간절히 소망합니다.